Raphael Melo

Dentro da igreja e longe de Deus

1ª Edição

Rio de Janeiro
Raphael Pereira de Melo
2017

Leita também:

ANIQUILAÇÃO
A ÚLTIMA HORA

Após uma forte tempestade, a pequena cidade de São Thomé dos Rios fica isolada. Estrada bloqueada. Energia elétrica, telefone e internet não funcionam. Mas o maior problema dos moradores é uma fatal e misteriosa doença, que se espalha rápido, instalando um verdadeiro caos.

O que surge nessa pequena cidade serrana do Rio de Janeiro é um lugar perigoso, ocupado pelo exército e monitorado, à distância, por pessoas que parecem saber o que realmente está acontecendo, enquanto forças obscuras espreitam as ruas desertas e semidestruídas.

Depois de passar por estas páginas, você nunca mais verá o mundo da mesma forma.

Para adquirir, com frete grátis para todo Brasil, acesse o site ou capture o QRCODE no seu celular:

rmevangelho.com.br/todos-os-livros-publicados/

Coordenação Editorial   Luciano Thomé
Diagramação   Raphael Pereira de Melo
Capa   Raphael Pereira de Melo
Revisão   Luciano Thomé
Karoline Melo
Acácia Freire
Sandra Brito

TEXTO DE ACORDO COM AS NORMAS DO NOVO ACORDO ORTOGRÁFICO DA LÍNGUA PORTUGUESA (DECRETO LEGISLATIVO Nº 54, DE 1995)

ISBN: 978-85-922678-0-3

Índice

Para Davi, João, Gatinha, Acácia, Luciano e Sandra

"Pois cada árvore é conhecida pelos seus próprios frutos. Não é possível colher-se figos de espinheiros, nem tampouco, uvas de ervas daninhas."

(Lucas 6:44)

Prefácio

Sempre que tenho oportunidade, falo em minhas pregações sobre a diferença entre o crente e o cristão. Essa diferença nos faz entender bem a situação das igrejas evangélicas no Ocidente.

Baseado no dicionário Michaelis, a palavra *"crente"* significa *"aquele que acredita"*. Então, uma pessoa que acredita em qualquer coisa é um crente naquilo em que acredita.

Trazendo para o contexto cristão, um crente é alguém que acredita em Deus. Portanto, se você acredita que Deus é o criador de todas as coisas, que Ele é bom, misericordioso, poderoso, perdoador e justo, você é um crente em Deus.

Contudo, as escrituras mostram a clara diferença que há entre ser crente e ser cristão. Observe os textos abaixo:

"Você crê que existe um só Deus? Muito bem! Até mesmo os demônios creem e tremem!" **(Tiago 2:19)**

"Em Antioquia, os discípulos foram pela primeira vez chamados cristãos." **(Atos 11:26c)**

Como você pôde ler, crer não basta para que ninguém seja um cristão, pois até os demônios creem. Contudo, havia algo naqueles homens, que estavam na cidade de Antioquia, para que as pessoas os identificassem como cristãos.

Ser cristão é mais do que crer, é ser discípulo. Não existe nada que identifique mais um discípulo com seu mestre do que a semelhança nas palavras, pensamentos e atitudes. Por isso, podemos afirmar que: todo cristão é crente, mas nem todo crente é cristão. Porque para que alguém seja cristão, discípulo de Cristo, é preciso que tal pessoa avance para além do crer, refletindo, na própria vida, a vida do mestre.

A história da igreja é recheada de cristãos valorosos, que foram além do crer. Homens como Jonathan Edwards, John Wesley e Charles H. Spurgeon estão entre tantos que, como Cristo, dedicaram suas vidas pregando o Evangelho aos perdidos, por amor. Acredito que o irmão e Pastor, Raphael Melo, certamente é um desses cristãos, aos quais o Senhor fará grande em sua geração.

Como amigo particular, sou testemunha ocular do que Senhor tem feito na vida desse servo de Deus. Por ser ele dotado de peculiar intimidade com Cristo e habilidoso escritor, o resultado não podia ser outro, senão essa maravilhosa obra que você tem em mãos, chamada ***Dentro da Igreja e Longe de Deus***.

Vi, de perto, a dificuldade que ele teve para escrever, por causa da tamanha luta espiritual que foi travada para que esse livro fosse escrito. Contudo, quando li o livro, entendi o motivo que levou satanás a oferecer tanta resistência.

Essa obra expõe a situação lamentável em que se encontram as igrejas evangélicas do Ocidente. Inúmeras pessoas estão mergulhadas num sistema podre, articulado pelo diabo, que prega um evangelho diferente do Evangelho de Cristo. Esse falso evangelho leva as pessoas cada vez mais para longe de Deus, mesmo que estejam dentro de igrejas.

Este livro vai fazer você entender, em detalhes, a razão pela qual a maioria das igrejas cristãs da atualidade, mesmo estando cheias de membros, não conseguem ter a mesma efetividade da igreja dos primeiros séculos.

Desejo a você uma ótima leitura e que Deus confronte sua vida cristã com as verdades que você lerá neste livro.

Paz!

Pr. Luciano Thomé

Prólogo – E se lhe Chamassem Para...

E se lhe chamassem agora para fazer algo que você jamais pensou em fazer, em toda a sua vida? E se seu telefone tocasse neste exato segundo e alguém, do outro lado da linha, lhe informasse que você foi escolhido(a) para participar de um júri popular, ou seja, para fazer parte de um grupo de pessoas que vai decidir se alguém acusado de cometer um crime é culpado ou inocente?

Sim, isso é perfeitamente possível de ocorrer para qualquer pessoa maior de 18 anos que não tenha antecedentes criminais. Ainda que em muitas vezes pessoas se voluntariem para participar de um tribunal do júri, em muitas outras, cidadãos da mesma região onde o crime foi cometido são escolhidos pelo poder judiciário e consequentemente convocados para uma seleção inicial, que resultará na formação de um corpo de jurados, que deverá decretar a culpa ou inocência de um réu, após o término das ações de acusação e defesa.

Imagine que isso tenha acontecido e que você, após passar pela seleção e ser escolhido, está sentado, junto de algumas outras pessoas, em um tribunal. O ar-condicionado está bem frio. Há algumas pessoas sentadas no lugar reservado para o público e um bom número de jornalistas do lado de fora. Seu telefone celular não está com você, pois é estritamente proibida qualquer comunicação, com quem quer que seja, até que o julgamento termine. Quando quase todos, menos o juiz, estão presentes, a porta por onde o réu vai entrar é aberta e você sabe que em alguns segundos surgirá o homem que é acusado de estuprar (por diversos dias), torturar e, por fim, estrangular até a morte pelo menos sete crianças da sua cidade, todas com menos de dez anos de idade.

Não perca essa cena da sua mente, pois voltaremos a ela mais tarde, quando você descobrirá umas das verdades mais estarrecedoras de toda a existência...

Introdução – O que Tenho a Dizer Primeiro

Bem, antes que você comece a leitura, tenho algumas coisas a dizer. Nada que vá ter impacto direto no conteúdo do livro, porém, tratam-se de colocações importantes, que, sem dúvidas, vão lhe ajudar a entender um pouco melhor as intenções que tenho ao escrever sobre esse assunto.

É inegável que a tarefa de revelar-nos coisas espirituais é do Espírito Santo, por isso, em todo o tempo, recorri a Ele para me ajudar, durante todo o tempo em que produzi texto. De igual forma, oro para que o mesmo Espírito lhe revele tudo o que Ele quiser, ainda que sejam coisas sobre as quais eu nem tenha pensado, quando escrevi. Este livro tem base nas Escrituras, que reveladas pelo Espírito, são a Palavra de Deus, que é Jesus, portanto, como Deus vivo, Ele tem toda a liberdade para falar ao seu coração da maneira que desejar, ainda que eu tenha sido imperfeito em muitos trechos do texto, devido a minha limitação humana, visto que sou apenas mais um pecador salvo pela Graça, em nada diferente de qualquer cristão.

Com relação ao assunto principal do livro, de forma alguma eu pretendi ou pretendo me colocar na posição de julgar e determinar graus de espiritualidade; menos ainda de salvação ou não de pessoas, pois esta é uma atribuição exclusiva de Deus. Entretanto, procuro fazer o que as Escrituras nos ensinam, que é julgar atos e situações, conforme as próprias Escrituras, que reveladas pelo Espírito são a Palavra de Deus, que é Jesus Cristo.

Também preciso esclarecer que, salvo quando eu sinalizar que trata-se de uma história verídica, com nomes e locais trocados ou omitidos, para garantir a privacidade dos envolvidos, todas as histórias que conto aqui são fictícias, pois tento usar minha experiência de escritor de ficção em diversos trechos do texto, para melhor ilustrar o que quero dizer. Não foi a toa que mesmo o nosso Mestre, em inúmeras ocasiões, relatadas nos evangelhos, recorreu a histórias, em sua maioria no formato de parábolas, para ensinar verdades espirituais muito importantes. Óbvio que está longe de mim a pretensão de sequer tentar me comparar com Ele, que é incomparável, é o Deus todo poderoso que veio em carne. Entretanto, em algumas vezes, durante o fluxo de escrita, vou tentar, com a ajuda do Espírito Santo, usar histórias para lhe ajudar a compreender melhor o que quero dizer.

No mais, peço ao Senhor que, assim como me ensinou muito enquanto escrevia, também abra o seu entendimento, não para o que eu quero dizer, pois sou um ser humano, como você, mas para o que Ele quiser lhe ensinar, usando as palavras que escrevi.

Boa leitura!

Que a Graça do Senhor Jesus seja conosco, sempre!

Capítulo 1 – Não Há Algo Errado?

Números e Frutos

Há cerca de quinze anos, pouco tempo depois de me converter a Cristo, fui ao meu primeiro retiro de carnaval. O lugar era uma escola pública de uma pequena cidade chamada São José, que ficava bem depois de Nova Friburgo, no Rio de Janeiro.

Embora a experiência tenha sido muito legal, tanto no que se refere ao crescimento espiritual quanto à comunhão com outros irmãos, houve muitos contratempos. Um deles foi a comida. Por algum motivo, mesmo que a quantidade de comida comprada fosse mais que suficiente, a fome foi uma grande prova naqueles seis dias. Para agravar a situação, eu era e confesso que continuo sendo muito chato para comer, o que costumo dizer que é culpa da minha querida avó, que fazia até três comidas diferentes por dia, para agradar a todos que moravam em casa. Minha querida sogra foi quem me salvou, saindo da escola e indo a um pequeno açougue da cidade, para me comprar alguns bifes.

Bom, mas o que importa mesmo para o nosso assunto é que a comida, mesmo que fosse suficiente em sua quantidade, não foi bem administrada, o que resultou em muito desperdício e consequente escassez. Lembro que por muito tempo após o retiro, brincávamos dizendo que a conta não fechava, pois em um lugar onde tinha tanta comida, acabamos passando tanta fome. Agora é engraçado, mas na hora não era nem um pouco.

Para responder a pergunta que dá título a este primeiro capítulo, gostaria de usar o exemplo que dei contando a saga do meu primeiro retiro de carnaval, além de contar com sua participação, para que juntos cheguemos a conclusão sobre a resposta. Combinado? Então vamos lá.

É inegável que o nosso Senhor Jesus Cristo nos ensina, por meio das Escrituras, que é pelos frutos que se conhece a árvore, ou seja, é pelo que é produzido por meio do dia a dia de uma pessoa que podemos saber se ela é mesmo alguém nascido de novo, que ama ao Senhor e vive na busca pela santificação. Com relação a isso, tenho certeza de que não preciso escrever muito, pois o ensino de Jesus fica bem claro nesse sentido, tanto nos trechos das Escrituras que reproduzo a seguir quanto em outros, que não vou citar para não me prolongar demais em um assunto sobre o qual tenho certeza de que você e eu estamos de acordo:

"Ou fazei a árvore boa, e o seu fruto bom, ou fazei a árvore má, e o seu fruto mau; porque pelo fruto se conhece a árvore." **(Mateus 12:33)**

"Nenhuma árvore boa dá fruto ruim, nenhuma árvore ruim dá fruto bom. Toda árvore é reconhecida por seus frutos. Ninguém colhe figos de espinheiros, nem uvas de ervas daninhas." **(Lucas 6: 43-44)**

Sabendo que é por meio da combinação do resultado de palavras e ações de alguém que se pode saber se tal pessoa é mesmo cristã, vamos continuar nosso raciocínio. Proporcionalmente falando, como vemos nas Escrituras, pouquíssimas pessoas, que na comparação feita por Jesus seriam as árvores boas, que dão bons frutos, colocaram o mundo dos primeiros séculos de cabeça para baixo. Apenas onze homens (o substituto de Judas Iscariotes ainda não havia sido escolhido) e algumas mulheres (não sabemos o número exato delas, por conta da cultura da época) iniciaram uma verdadeira mudança do mundo, de modo que ele jamais voltaria a ser o mesmo, a ponto de hoje usarmos um calendário que divide a contagem dos dias em antes e depois de Cristo.

Ora, se tão poucas pessoas, cheias do Espírito Santo, foram instrumentos usados por Deus para que, pelos quatro cantos da Terra, o Evangelho de Jesus fosse conhecido, é inegável que há algo de muito errado quando num país como o Brasil, que tem mais de 20 milhões de indivíduos que se dizem cristãos praticantes, que frequentam alguma igreja regularmente, não vemos nem sinal de um genuíno derramar do Espírito Santo. E não falo sobre crescimento de números e muito menos de instituições denominacionais, sejam elas quais forem, pois como vimos, é pelo fruto que se conhece a árvore e não pela frequência da árvore a uma igreja.

Definitivamente há algo muito errado. Concorda comigo? Assim como ocorreu com a comida na história que contei sobre o retiro, os números não batem com a realidade. Da mesma forma que ninguém deveria ter ficado com fome naquele carnaval, o Brasil deveria estar repleto de frutos, que o colocassem de cabeça para baixo, por conta de tamanha quantidade de árvores. Segundo o ensino de Jesus, a única explicação que podemos dar para isso é que um número esmagador dos que se declaram árvore boa, na verdade não o são.

Agora que já vimos que números e frutos não batem no Brasil, eu lhe convido a meditar comigo sobre as razões que levam essa conta a não fechar como deveria.

Quatro Pontos Principais

Em minha visão, são quatro as razões principais pelas quais essa situação ocorre. A seguir falarei de forma específica sobre cada uma delas. Contudo, lembro novamente que não sou e não pretendo ser dono da verdade, também não ouso achar que conheço tudo, contudo, por misericórdia e Graça de Deus, em minha incapacidade, oro para que o que vou escrever ajude você e muitas outras pessoas que estejam ou que conheçam pessoas que estão nas situações que vou descrever.

1. Nascidos e criados na igreja

A primeira razão é a quantidade assustadoramente alta de pessoas, de jovens a idosos, que por terem nascido em famílias que eram assíduas frequentadoras de igrejas e, portanto, cristãs praticantes, acabam por continuar a frequentar e participar da comunidade cristã de seus pais, mesmo sem nunca terem tido uma genuína conversão ao verdadeiro Evangelho de Jesus Cristo.

Em sua maioria, as pessoas que se encaixam aqui, terminam suas infâncias e juventudes aprendendo a serem frequentadoras de igrejas e membros "oficiais" de uma comunidade cristã. O problema é que isso não faz de ninguém uma pessoa verdadeiramente salva, pela obra de Cristo. Tais jovens, adultos e até idosos, são parte dos que estão nas igrejas, mas que não são Igreja, ou seja, não são parte do corpo de Cristo, pois o que aprenderam foi apenas uma religião terrena, de modo que permanecem sem ter um verdadeiro encontro de conversão com Jesus Cristo e o Evangelho revelado pelas Escrituras.

2. Conversões a Cristo ou à Religião?

Como segunda razão, destaco o fato de ser enorme a quantidade de homens e mulheres que se convertem a uma religião cristã evangélica, sem necessariamente se converterem a Cristo.

Na maioria das vezes, isso ocorre porque tais pessoas, depois de serem atraídas por um discurso cheio de promessas amplamente diferentes do que encontramos nas Escrituras, acabam aprendendo a viver no meio de uma comunidade cristã (ou, pelo menos, que se denomina cristã), incorporando linguagem, costumes, crenças e até rituais religiosos desse grupo de pessoas, contudo, sem nunca terem tido uma experiência verdadeira de conversão ao Evangelho.

Isso normalmente ocorre em igrejas que não possuem zelo para com a pregação constante do verdadeiro Evangelho, que confronta continuamente tal condição. Todavia, não afirmo que seja impossível que essa condição ocorra também em igrejas que tenham esse compromisso.

3. Igrejas que tem pouca ou quase nenhuma IGREJA

A terceira razão consiste em os cristãos terem se acostumado a chamar de igreja o que não é a Igreja que Jesus estabeleceu. O que a maioria chama de igreja se trata de uma instituição religiosa ou de um templo; nada mais. No entanto, a verdadeira Igreja que Jesus estabeleceu e a qual Ele se referiu quando disse que as portas do inferno não prevaleceriam contra ela, é composta por pessoas que foram alcançadas pela Graça e regeneradas, andando no caminho da santificação diária.

Como não pretendo tornar a compreensão da leitura muito complicada, vou tentar simplificar, ao máximo, a explicação da origem e do significado da palavra *"igreja"*. Vamos entender juntos? Ótimo! Vamos lá!

O termo *"igreja"* origina-se na palavra grega *"Εκκλησία"*, que podemos pronunciar como "ekklesia", após transliteração. Etimologicamente, a palavra *"ekklesia"* é composta de dois radicais gregos, são eles: *"ek"*, que significa *"para fora"*; e *"klesia"*, que significa *"chamados"*. Com isso, chegamos na expressão *"chamados para fora"*. Portanto, sob o aspecto etimológico, o melhor significado de *"igreja"*, em minha visão, é o seguinte: *pessoas que foram chamadas para fora da escravidão do pecado, por meio da Graça de Deus e da fé em Jesus Cristo, o Unigênito Filho de Deus, que morreu, ressuscitou e vive para todo sempre.* E para finalizar a análise etimológica, com base no que acabamos de analisar, simplificando, creio que não haja problemas em dizermos que a "Igreja" estabelecida por Jesus são pessoas.

Há um outro aspecto, não menos importante, com relação ao significado de *"igreja"*, sobre o qual também preciso falar. É fato inegável que a raiz etimológica de uma palavra (que vimos no parágrafo anteior) nem sempre dá todo o significado que se pretendia que a mesma tivesse, quando foi usada por quem a escreveu. Por exemplo, no inglês moderno, a palavra *"butterfly"* (que significa borboleta) é composta das palavras *"butter"* (que significa manteiga) e *"fly"* (que significa mosca), todavia, pensar em manteiga e em uma mosca, não nos ajuda muito a entender uma borboleta, não é mesmo?

Portanto, preciso também falar sobre o significado que tinha a palavra, na época em que foi escrita pelos autores dos livros e cartas do Novo Testamento. A Enciclopédia Histórico-Teológica da Igreja Cristã traz a seguinte definição para *"igreja"*:

No NT, "igreja" traduz a palavra grega ekklēsia. No grego secular, ekklēsia designava uma assembleia pública, e este significado ainda foi mantido no NT (At 19.32, 39, 41).

Conhecendo isso, eu chego a seguinte definição para *"igreja"*, levando em conta tanto a etimologia (analisada primeiro) quanto o significado (analisado agora): *uma reunião de pessoas que foram chamadas para fora da escravidão do pecado, por meio da Graça de Deus e da fé em Jesus Cristo, o Unigênito Filho de Deus, que morreu, ressuscitou e vive para todo sempre, e que confessam a fé cristã, conforme estabelecida pelas Escrituras sagradas.*

Já levando em conta tanto a etimologia quanto o significado, conforme acabamos de analisar, simplificando, continuamos podendo dizer que a *"Igreja"* estabelecida por Jesus são pessoas, pois, a semelhança da etimologia, o significado também nos leva a uma reunião de pessoas, uma assembleia, isto é, a comunhão do corpo de Cristo, que é formado pelos chamados para fora do mundo, por meio da fé, que não vêm dos homens, mas é dom de Deus.

É relevante ressaltar que não vejo mal algum em chamarmos a instituição ou o templo de igreja, pois essa já foi uma palavra incorporada a tais entidades ou locais por séculos de tradição. Contudo, é muito importante sabermos diferenciar a igreja, enquanto instituição humana, com CNPJ e templo, da Igreja que Jesus veio estabelecer, que são basicamente pessoas, tanto individualmente quanto quando se reúnem em comunhão umas com as outras e em Nome de Jesus. Tal separação nos capacita a entender a razão de haver inúmeras igrejas (instituições e templos) que não possuem, em seu rol de membros, nenhuma ou pouca Igreja (pessoas que realmente são nascidas de novo, em Cristo Jesus).

4. Pecados Secretos

Creio que posso afirmar que esta quarta razão, na maioria das vezes, é uma consequência direta das três primeiras. Por isso, cheguei até a pensar em colocá-la como um subtópico das razões anteriores, mas por conta de sua vital importância e por também constituir-se em uma razão, por si mesma, visto que alguém pode se converter verdadeiramente, ouvir o verdadeiro Evangelho, ser Igreja e ainda assim nutrir pecados secretos, fica claro que ela não necessariamente é dependente das anteriores, em todos os casos, por isso, apresento-a aqui como a última razão, das quatro que enumerei para explicar a conta de números e frutos, que não fecha.

Os pecados secretos englobam tanto cristãos nominais, que não são realmente nascidos de novo (que em sua maioria se encaixam em alguma das três primeiras razões), quanto uma minoria que até nasceu de novo, mas que se encontra "afastada" de Deus e do caminho da santidade, sem a qual ninguém verá o Senhor.

As condições que acabei de citar, inevitavelmente, levam ao que chamo de pecados secretos de estimação. São condutas pecaminosas e, na maioria das vezes, muito graves e vergonhosas, que são cometidas em segredo absoluto, por pessoas que acreditam que jamais serão descobertas e que geralmente pensam que um dia, quando quiserem, vão conseguir, por si mesmas, parar e se afastar desses erros (O que não passa de um engano, pois um abismo chama outro abismo, em um ciclo mortal e interminável, como veremos mais a frente, a não ser que um verdadeiro arrependimento ocorra e Deus mude a situação).

Quem vive assim, se encaixa na mesma descrição dada por Jesus para a igreja de Sardes, em Apocalipse 3:1, onde está escrito que a igreja tinha fama de estar viva, apesar de estar morta. A aparência externa é a de cristãos piedosos e até com certo grau de santidade, contudo, a realidade oculta aos olhos humanos, porém nunca aos olhos de Deus, revela apenas pessoas hipócritas e dissimuladas, que fingem ser o que não são, para serem aceitas e até admiradas nas congregações em que participam.

Pequenas Comparações

Após falarmos das quatro razões que levam a conta a não fechar, vamos continuar com o nosso raciocínio. Quero lhe convidar a analisar algumas comparações muito interessantes, que nos dizem muita coisa. Vou falar de algumas poucas pessoas que literalmente mudaram o mundo, cheias do Espírito Santo. Vamos lá:

- Doze homens, que eram apenas onze até que o substituto de Judas fosse escolhido, foram os primeiros a anunciar o Evangelho, após a ascensão de Jesus aos céus, narrada no livro de Atos dos Apóstolos;

- O Apóstolo Paulo foi praticamente o único responsável por você e eu, aqui no Brasil, como não judeus, ouvirmos o Evangelho. E não só por nosso país, pois ele foi, praticamente sozinho, o responsável humano, com a óbvia ajuda da operação de Deus, pelo Evangelho ter chegado aos quatro cantos do mundo;

- Havia apenas alguns cristãos em Éfeso, quando Paulo chegou lá e orou pedindo para que eles fossem cheios do Espírito Santo. Pouco tempo depois, uma enorme comunidade cristã apareceu na cidade e o grande templo idólatra de Diana dos Efésios desapareceu do mapa e da história. Não vou me aprofundar aqui, pois não trata-se de um desdobramento natural do tema do livro, mas, se você tiver oportunidade, vale a pena pesquisar sobre o desaparecimento da adoração a Diana em Éfeso, visto que esse templo pagão foi um dos maiores, senão o maior, da antiguidade.

Eu teria diversos outros exemplos para dar, tanto bíblicos quanto retirados da história da igreja, de poucos cristãos afetando milhares e até milhões de pessoas, por conta da operação do Espírito Santo em suas vidas. Entretanto, creio que estes três já bastam para demonstrar o que desejo. Com base nisso, como é possível explicar que haja vinte milhões de cristãos em nosso país, sem que nenhum efeito direto, mesmo que em média escala, ocorra no Brasil?

Não Concorda que há Algo Muito Errado?

Diante de tudo o que conversamos neste capítulo, tenho certeza que você concorda comigo (se não concorda, creio que possa parar sua leitura por aqui). Há mesmo algo muito errado, essa conta não fecha. Então, se você continuou lendo, significa que concorda mesmo comigo, por isso, faz todo o sentido que continue lendo.

A situação sobre a qual estamos conversando alimenta uma dinâmica para lá de perigosa e é sobre ela que falaremos a seguir.

Capítulo 2 – Uma Dinâmica Perigosa

A Dinâmica

Por definição, nas relações humanas, dinâmica é o movimento interno responsável pelo estímulo e pela evolução de algo. Com relação ao assunto sobre o qual estamos falando, creio que posso dizer que a dinâmica é a vida de constantes pecados secretos de cristãos nominais ou mesmo cristãos verdadeiros (afastados do Senhor), que é responsável pelo estímulo e evolução de uma igreja incapaz de realizar algo impactante no Brasil, ainda que conte com mais de vinte milhões de pessoas em seu rol oficial de "membros".

Quero te convidar, agora, a conversar de forma menos abrangente e mais individualizada. Menos focada em grupos de pessoas e mais focada em cada pessoa. Isso é importante, pois escrevo esse livro com a intenção de ajudar individualmente a quem se encontra dentro da instituição igreja ou de um templo de igreja, mas longe de Deus. Isto posto, vou reescrever a definição da dinâmica que fiz acima, tornando-a aplicável a apenas uma pessoa, pois o conjunto de indivíduos é que forma o coletivo.

A dinâmica perigosa, individualmente falando, é a vida de constantes pecados secretos de um cristão nominal ou mesmo de um cristão verdadeiro (afastado do Senhor), que constitui e é responsável pelo estímulo e evolução de uma igreja incapaz de realizar algo impactante no Brasil, ainda que conte com mais de vinte milhões de pessoas em seu rol oficial de "membros".

Há pouco tempo, o fantástico exibiu uma reportagem sobre determinados medicamentos genéricos, usados para tratar a hipertensão arterial (pressão alta), que por terem lotes que não passaram em todos os testes pré estabelecidos para que um medicamento seja registrado, poderiam não reduzir a pressão arterial dos pacientes que fazem uso deles. Sem entrar no mérito da matéria, visto que os laboratórios reprovados deram suas explicações para o ocorrido, quero usar isso para introduzir o seguinte exemplo. Imagine que alguém tem uma doença para qual só há um remédio e, depois de ir ao médico, sai com uma receita do medicamento que deveria resolver o problema. Porém, imagine que o laboratório fabricante do remédio falha em adicionar o princípio ativo na quantidade correta, o que faz com que os sintomas não desapareçam, como esperado. Então, a pessoa volta ao consultório. O médico, sabendo que só há aquele remédio para tratar a doença, acha que só é preciso ajustar a dose, aumentando-a. Contudo, o paciente continua sem ter a melhora esperada, por isso, volta ao médico, ou mesmo troca de médico, esperando um melhor resultado. Considerando essa situação, se ninguém descobrir que o problema é o medicamento e, consequentemente, trocar o laboratório, o ciclo continuará e o paciente vai piorar cada vez mais, podendo até morrer.

Com a definição da dinâmica e o exemplo dados acima, podemos começar a entender o funcionamento de uma engrenagem bem perigosa. Baseados em tudo o que já vimos até aqui, vamos falar sobre o aprofundamento maligno, que consiste na evolução de uma igreja cada vez mais numerosa, mas, ao mesmo tempo, cada vez mais incapaz de impactar o país. Uma igreja que é como um remédio sem o princípio ativo, o que faz com que a quantidade não faça nenhuma diferença para a cura do nosso país. Uma igreja (instituição ou templo) sem Cristo é como um remédio na caixa, lacrado, com bula, com comprovação científica de que é eficaz, mas sem o princípio ativo. Os resultados simplesmente não aparecem apenas por conta da apresentação exterior.

Vou permanecer com a abordagem individualizada, que também expressa a situação da coletividade dos que se encontram assim, dessa forma posso usar uma linguagem mais simples e direta, o que facilitará a compreensão do texto, principalmente de quem está nessa situação e precisa de ajuda, ou de quem tem contato com alguém nessa situação e pretende ajudar.

Abismos Encadeados

No Salmo 42:7, o salmista não está falando diretamente de pecado, pois o contexto é de alguém que está triste e abatido, com sede de Deus. Basta que você leia todo o salmo, não apenas o verso 7, para perceber isso. Entretanto, mesmo neste contexto, os seguintes versículos podem nos ajudar a entender o agravamento gradual do problema da pessoa que está dentro da instituição igreja, mas longe de Deus.

"Ó meu Deus, dentro de mim a minha alma está abatida; por isso lembro-me de ti desde a terra do Jordão, e desde os hermonitas, desde o pequeno monte. Um abismo chama outro abismo, ao ruído das tuas catadupas; todas as tuas ondas e as tuas vagas têm passado sobre mim. Contudo o Senhor mandará a sua misericórdia de dia, e de noite a sua canção estará comigo, uma oração ao Deus da minha vida." **(Salmos 42:6-8)**

Quando a expressão *"um abismo chama outro abismo"* é usada no texto, seu significado é de que as tristezas e razões de abatimento da alma acabam atraindo mais sentimentos e pensamentos ruins, que vão piorando ainda mais a situação. Por isso, o salmista diz, no início do salmo, que tem sede de Deus, enquanto no verso 8, cita sua fé de que Deus enviará misericórdia para consolá-lo.

Nesse sentido, podemos entender o abismo como algo ruim, que quando instalado em forma de pensamentos e sentimentos, acaba atraindo outro abismo, em um processo muito próximo à descrição médica de um estado depressivo. Essa progressão, onde um abismo chama o outro, vai ocorrendo até que haja uma interrupção, que é exatamente o que o salmista pede em sua oração, uma intervenção de Deus em seus pensamentos e sentimentos, para livrá-lo do estado de tristeza, angústia e abatimento em que se encontra.

No entanto, se mudarmos a aplicação da metáfora do abismo, trocando tristeza e abatimento por pecado, em nada se perde sua aplicabilidade, pois o funcionamento é exatamente o mesmo. Um pecado vai chamando outro, geralmente pior do que o primeiro, e esse encadeamento de abismos só termina quando há uma interrupção, que só pode ocorrer por meio da consciência do pecado e do arrependimento sincero diante de Deus, de modo que o sacrifício de Jesus, na Cruz, opere, por meio da Graça e da fé, que não vêm dos homens, mas são dadas por Deus. Isso resultará em abandono dos pecados secretos e em uma luta diária para mortificar o velho homem e suas vontades caídas.

Acredito que já entendemos bem como essa dinâmica segue seu ciclo, sempre adiante, até que algo aconteça para interrompê-la. Contudo, permita-me utilizar mais uma metáfora. Para que uma engrenagem funcione, é indispensável que haja energia, que por sua vez necessita de combustível, e é disso que vou tratar agora.

Combustível Para Continuar

Essa engrenagem de morte, em que milhares de cristãos professos vivem atualmente, é alimentada por um combustível terrível, muito mais perigoso que satanás e todos os seus demônios. Esse inimigo terrível, que impulsiona a dinâmica para que um abismo chame outro pior, chama-se homem natural, para os que são apenas cristãos nominais (que nunca se converteram de verdade), e velho homem, para os que tiveram uma verdadeira conversão, mas que estão afastados de Deus. Só peço que você não esqueça de que todos dos quais estou falando estão dentro de igrejas (instituições e templos), portanto, essa condição é interna e oculta, sendo conhecida apenas por Deus e pela própria pessoa, na maioria absoluta das vezes. Para os que estão de fora, vendo a pessoa frequentar a igreja e fazer tudo como mandam os costumes daquela congregação, a não ser que Deus exponha os pecados ou que se faça uma análise mais detalhada dos frutos de tal indivíduo, nada parece estar errado. Pelo contrário, não são poucas as vezes em que os mais admirados e "santos" das congregações são os que costumam estar nessa situação.

"Ora, o homem natural não compreende as coisas do Espírito de Deus, porque lhe parecem loucura; e não pode entendê-las, porque elas se discernem espiritualmente. Mas o que é espiritual discerne bem tudo, e ele de ninguém é discernido." **(1 Coríntios 2:14-15)**

"Porque, se viverdes segundo a carne, morrereis; mas, se pelo Espírito mortificardes as obras do corpo, vivereis." **(Romanos 8:13)**

O primeiro texto que transcrevi se aplica a quem, mesmo estando em uma igreja, não é parte do organismo Igreja, por nunca ter se convertido de verdade. Por isso, fica claro que o homem natural, mesmo diante de toda a religiosidade evangélica, não entende e nem pode entender as coisas espirituais. De modo que para tal pessoa, o combustível para a engrenagem da dinâmica da morte funcionar é ela mesma.

O segundo texto se aplica a quem foi um dia alcançado pela Graça de Deus, mas que está afastado do Senhor, ainda que continue com sua vida religiosa, na igreja (instituição ou templo). Quem assim se encontra, está vivendo segundo a carne, sem mortificar as obras do corpo, ou seja, da velha criatura. Isso resulta em uma vida estéril na congregação, praticamente igual, com relação a capacidade de gerar frutos do espírito, a de quem se identifica com o primeiro texto.

É importante pontuar que a única diferença entre os dois tipos de pessoas sobre os quais acabei de falar e os cristãos que andam com Cristo, é que os últimos mortificam esse velho homem todos os dias, por meio do poder de Jesus, e assim não são mais escravos do pecado, ainda que permaneçam sendo pecadores. Entretanto, no fim das contas, o combustível é o mesmo, a saber, o homem caído, que gosta do pecado. Tal inclinação natural para o pecado existe em todos os seres humanos, mas no caso dos dois grupos de pessoas sobre os quais falei, ela tem o domínio.

Tudo sobre o que refletimos até agora forma a base fundamental de diversas outras situações. E é sobre algumas delas que vou passar a falar, a partir do próximo capítulo. Entretanto, ressalto que é muito importante que você compreenda bem o que já leu até aqui, de modo que possa entender bem o que virá a seguir.

Capítulo 3 – A Inversão Fatal

Duas Direções

Todo cristão vive duas direções básicas de relacionamento. Uma vertical, ou seja, debaixo para cima, simbolizando o relacionamento com Deus; e outra horizontal, simbolizando o relacionamento com as pessoas e com a sociedade. Inclusive, a cruz costuma ser usada como um símbolo disso, por conter duas retas, uma maior, na vertical, e outra, menor, na horizontal.

Essas duas direções também estão claramente presentes na afirmação de Jesus sobre os dois mandamentos dos quais dependem toda a lei e os profetas. Vamos ver:

"E Jesus disse-lhe: Amarás o Senhor teu Deus de todo o teu coração, e de toda a tua alma, e de todo o teu pensamento. Este é o primeiro e grande mandamento. E o segundo, semelhante a este, é: Amarás o teu próximo como a ti mesmo." **(Mateus 22:37-39)**

A primeira direção, vertical, corresponde ao primeiro mandamento (Amar a Deus de todo coração, de toda alma e de todo pensamento). A segunda, vertical, ao segundo (Amar ao próximo como a si mesmo). Portanto, não restam dúvidas de que estas duas direções estão presentes na vida dos que confessam-se seguidores de Jesus Cristo.

A seguir, faremos uma rápida análise sobre a ordem de prioridade dessas duas direções.

A Ordem dos Fatores Altera o Resultado

Me lembro bem de quando estava no ensino fundamental e aprendi que nas operações da soma e da multiplicação, a ordem dos fatores não altera o resultado. Todavia, da mesma forma, você e eu também aprendemos que o mesmo não ocorre nas operações de subtração e divisão, onde a ordem dos fatores altera completamente o resultado. Aliás, me lembro até do nome da professora que me ensinou isso, ela se chamava Andréia, Tia Andréia. Me recordo que em uma ocasião, gostei muito da prova em que essa matéria foi cobrada, pois era uma chance de responder questões de uma prova de matemática, sem precisar fazer contas. Apenas tínhamos que dizer em quais operações a ordem dos fatores alteravam o resultado e em quais isso não acontecia. Pronto, dois pontos garantidos em matemática, sem precisar fazer contas. Ironicamente, acabei me formando em uma área de exatas, quando adulto, mas naquela época tinha enorme preguiça para fazer contas.

Mas, voltando ao assunto, no caso das duas direções de relacionamento do cristão professo, a ordem faz toda a diferença no resultado, exatamente como nas operações de subtração e divisão.

O correto, que fica bem claro na ordem em que Jesus cita os dois mandamentos, é que a prioridade deve ser do relacionamento da pessoa com Deus (direção vertical). Após isso, como resultado do primeiro mandamento, o segundo, descrito por Jesus como semelhante ao anterior, também deve ocorrer. De modo que, em suma, primeiro devemos cuidar de nossa relação com Deus, e depois, sem que isso signifique tratar-se de algo de menos importância, devemos cuidar da nossa relação com as pessoas que nos rodeiam. Um verdadeiro cristão tem comunhão diária com Deus, com seus irmãos e ama o próximo como a si mesmo. Ele ama a Deus acima de todas as coisas e consequentemente tem comunhão com os irmãos em Cristo, além de amar todas as pessoas, fazendo o que bem aconselhou John Wesley, quando disse que devemos fazer tudo que está a nosso alcance para fazer todo o bem possível, ao maior número de pessoas possível, de todas as formas possíveis, quantas vezes for possível.

Entretanto, um dos sintomas sempre presentes na pessoa que, apesar de estar na igreja, permanece longe de Deus, é a inversão dessa ordem, ou seja, a colocação do relacionamento humano acima do relacionamento com Deus. E tenho certeza de que não exagero ao dizer que isso é catastrófico.

Quem está nessa situação se preocupa demais em esconder seus pecados e defeitos das outras pessoas, principalmente das que fazem parte da mesma congregação em que está, mas não se importa, da mesma forma, que Deus saiba do que anda fazendo em segredo. Embora saiba que Deus é onisciente e onipresente, portanto, conhecedor de todas as coisas, até mesmo dos pensamentos mais íntimos e intenções do coração, tal pessoa não se empenha em mudar, para que Deus não presencie o que ela faz. Mesmo que tenha consciência de que está errada diante de Deus e de que Ele está presente quando comete seus pecados mais vergonhosos e secretos, sua preocupação é escondê-los da congregação, da família, dos amigos e de quem quer que seja, enquanto praticamente ignora o fato de que ninguém pode esconder nada de Deus.

O homem ou a mulher que se encontra nessa situação, mesmo quando tem vontade de voltar a buscar a Deus, tenta fazer isso na ordem errada, procurando encontrar, primeiro, alguma ajuda em pregações, louvores e livros, antes de buscar a Deus em oração, com arrependimento e meditação nas Escrituras. De modo que o indivíduo em questão pode até sair de um culto de domingo animado e desejando abandonar o pecado, contudo, tal animação, na maioria das vezes, é apenas o velho conhecido fogo de palha, que não se sustenta, pois não tem sua sustentação em uma verdadeira operação de Deus. O triste resultado é que, quase sempre, mesmo antes do meio da semana chegar, com a animação emocional já extinta, a pessoa já está de volta a seus pecados secretos de estimação, seja em pensamentos, palavras ou atitudes concretas.

Portanto, para sair dessa situação, é preciso buscar a solução na ordem correta, para que o resultado seja o desejado. Isto é, é preciso buscar ajuda primeiro em Deus, depois, se for o caso, em pessoas. É claro que, muitas vezes, a operação de Deus se dá por meio de uma pessoa, que Ele usa. Nesse caso, é certo que não há problema, no entanto, é preciso que haja a consciência de que quem deve ser buscado para mudar a situação é Deus, pois homem nenhum pode fazer isso. Dito isso, é inegável que a ajuda de servos e servas de Deus é muito preciosa, desde que haja consciência de que Deus é quem opera tudo em todos e, portanto, deve ser buscado sempre em primeiro lugar.

E como um abismo continua chamando outro abismo, ocorre um aprofundamento cada vez mais perigoso e mortal na prática do pecado, o que acaba semeando consequências cada vez mais graves, que acabarão sendo colhidas mais a frente.

Capítulo 4 – Ninguém Descobriu?

Chinelos Virados

Minha avó, que se chamava Florisbela, foi e ainda é (pois espero o dia em que nos encontraremos no céu) uma das pessoas mais importantes da minha vida. Como minha mãe e meu pai trabalhavam fora, minha irmã e eu crescemos, na maior parte do tempo, com nossos avós. Na verdade, posso dizer que morava com eles, ainda que meus pais morassem no mesmo quintal (em uma outra casa, que ficava vazia a maior parte do tempo), pelo fato de os dois estarem trabalhando todos os dias, para nos dar sempre o melhor que podiam. Só tenho coisas boas para falar da minha avó, mesmo pensando nos tempos em que ainda não conhecíamos Jesus e o Evangelho. Aliás, uma das maiores alegrias da minha vida foi tê-la batizado, muitos anos depois, quando já era pastor e ela creu no Evangelho.

Bem, ela era de uma cidade do interior do Rio de Janeiro chamada Campos dos Goytacazes. Por isso, tinha muitas superstições, em sua maioria, sem nenhuma ligação com religião, apenas relacionadas a tradições. Uma delas era de que não podíamos deixar os chinelos virados ao contrário, pois a mãe de quem fazia isso, segundo a superstição, acabava morrendo. Crianças realmente acreditam nessas coisas e por bastante tempo, comigo não foi diferente. Perco a conta das vezes em que me lembro de, rapidamente, desvirar o chinelo, como se o fizesse antes que alguém (que eu não tinha ideia de quem era) percebesse que estava do avesso. Não que eu acreditasse muito naquilo, contudo, por via das dúvidas, minha mente de criança decidia fazer, por segurança.

Quando entrei na adolescência, com dez ou onze anos, comecei a refletir um pouco mais sobre isso, lembrando de todas as ocasiões em que percebi que tinha deixado o chinelo virado, sem querer, de vez em quando até por noites inteiras, e pensei: *"Ora, seja lá quem for que fica de olho nas pessoas que deixam o chinelo virado para depois matar a mãe delas, não me descobriu em nenhuma das vezes que fiz isso"*. De modo que decidi que aquilo era apenas uma superstição boba e nunca mais me preocupei em correr para desvirar o chinelo.

Algo bem semelhante ocorre com que está dentro da igreja e longe de Deus. Após cometer os pecados secretos, que vão se tornando cada vez piores e mais graves em suas consequências (ou futuras consequências), a pessoa começa (mesmo crendo na onisciência de Deus) a olhar para os lados, para o alto, e acaba pensando alguma coisa como: *"Ninguém descobriu? Deus sabe o que estou fazendo, mas até agora não me denunciou e nem falou com nenhum profeta para me repreender"*. Isso é a raiz do aprofundamento em comportamentos muito ruins e nocivos, tanto para quem os têm quanto para os que são vítimas deles.

Hipocrisia e Dissimulação

Jesus nunca foi tão duro com nenhum outro tipo de pessoa, quanto foi com os que, mesmo conhecendo as Escrituras, eram hipócritas e dissimulados. E essa é a exata situação dos que se enquadram em tudo sobre o que falamos até agora, neste livro. Se você ler todos os quatro evangelhos e se atentar a todas as vezes em que Jesus repreende os Fariseus e Mestres da Lei (ou Escribas), verá que o problema da hipocrisia e da dissimulação está presente, na maioria esmagadora das vezes. Vou citar apenas um dos exemplos, para nos servir de referência na continuidade do assunto, contudo, quando estiver lendo os evangelhos, você vai encontrar muitos outros.

"Ai de vós, escribas e fariseus, hipócritas! Pois que sois semelhantes aos sepulcros caiados, que por fora realmente parecem formosos, màs interiormente estão cheios de ossos de mortos e de toda a imundícia." **(Mateus 23:27)**

Esse verso deixa bem clara a gravidade do problema de quem diz uma coisa e faz outra (hipocrisia), e consequentemente finge ser o que não é (dissimulação). A comparação com um túmulo é fortíssima e dá a exata ideia da seriedade da situação. Por fora, pintado, adornado e bonito, muitas vezes visto pelos outros como um membro exemplar da igreja. Entretanto, por dentro, está podre e apodrecendo cada vez mais, em um processo em que só vão restar ossos secos. Oro para que este livro, por obra do Espírito Santo, de alguma forma, ajude pessoas que estão nessa situação, pois até mesmo os ossos secos podem voltar a vida, ao ouvirem a Palavra do Senhor.

Essa vida dupla tem base em algo igualmente destrutivo, sobretudo para o cristão. Inclusive, contribui para que tal mal fique ainda mais acentuado. Vamos falar sobre isso.

Egoísmo

Não pretendo esmiuçar aqui definições e muito menos as inúmeras aplicações da palavra *"egoísmo"*, até porque se quisesse fazer isso, teria que escrever um outro livro só sobre o assunto, e mesmo assim não esgotaria o tema. Todavia, vou me reter ao egoísmo relacionado ao raciocínio que estamos construindo juntos, durante minha escrita e sua leitura.

Vamos dar uma olhada na definição do dicionário Michaelis para "egoísmo": *"Atitude daquele que busca o próprio interesse, acima dos interesses dos demais"*

Membros hipócritas e dissimulados de igrejas cristãs inevitavelmente são egoístas ao extremo, pois pensam apenas em si mesmos e em seus desejos e vontades, ignorando completamente o mal que seus atos causam ou podem causar a outras pessoas. Ignoram até mesmo Deus, dando prioridade a sua vida oculta de pecados, sejam eles quais forem. Simplificando, uma pessoa assim, quando comete os piores tipos de iniquidades, só pensa em si e jamais em nenhum outro, nem mesmo em Deus. É claro que há participação de espíritos malignos influenciando a mente desses homens e mulheres, no entanto, isso não muda em nada a responsabilidade deles, ou seja, a culpa não é do diabo, a culpa é das próprias pessoas, de quem quer que viva assim.

E o tempo só vai piorando a situação, deixando a pessoa cada vez mais egoísta, o que a faz ter que ser cada vez mais hipócrita e dissimulada, a fim de ocultar seus pecados secretos, que por sua vez, também são cada vez piores. É um ciclo tenebroso de morte que só um verdadeiro arrependimento, sob a Luz da Verdade, que é Jesus Cristo, pode quebrar.

Capítulo 5 – Nada de Raio na Cabeça

Ué!

"Como assim? Além de nenhuma pessoa descobrir, nem mesmo pessoas na igreja, nada aconteceu? Além de não revelar meus segredos a nenhum profeta para me desmascarar, Deus também não fez nada?"

Esse pensamento, ainda que em raras vezes inconsciente, é inevitável na vida de quem se enquadra no que foi dito no capítulo anterior. Depois da constatação de que além de não ter sido descoberto por ninguém, também nenhuma consequência visível ocorreu, nem por parte de pessoas e muito menos por parte de Deus, alguma coisa acontece e aquilo que antes era feito com tensão, passa a ser feito de forma mais natural, com menor temor e mais ousadia, ainda que isso não signifique que a pessoa deixou de saber que está pecando e que Deus está vendo tudo o que faz.

A situação é muito parecida com o que ocorre atualmente, mais precisamente em 2017, no Brasil. Inúmeros políticos roubaram o país por tanto tempo, sem que nada lhes acontecesse, que passaram a ser cada vez mais audaciosos em seus esquemas, acreditando que jamais seriam descobertos e punidos. Contudo, como estamos vendo por meio das últimas operações da polícia federal, um dia a casa cai. Nessa comparação, o que agrava a situação de quem está vivendo o que descrevo nesse livro, é o fato de não estarem ofendendo a sociedade, como os políticos corruptos, mas o Senhor Deus, Todo Poderoso. Que este livro ajude, de alguma forma, as pessoas nessa situação a se arrependerem e voltarem ao Senhor e ao verdadeiro Evangelho, pois enquanto há vida, há esperança.

Com a ajuda indispensável do egoísmo, passa-se a pensar em um dia ou, no máximo, alguns dias de cada vez, deixando-se totalmente de lado o pensamento das consequências físicas, sociais e espirituais que os comportamentos pecaminosos e, em geral, vergonhosos, podem gerar.

É nesse ponto que o pecado fica muito parecido com um vício físico, em cocaína ou cigarro, por exemplo, pois a pessoa só se importa com a satisfação momentânea da vontade, sem pensar nos outros, nas consequências de seus atos e sem se preocupar com Deus, como fazia antes, pois como o raio não caiu na cabeça, pensa que talvez seja seguro viver assim. *"Talvez não haja perigo"*, é o pensamento produzido por um coração humano dominado pelo pecado, que é totalmente enganoso, como dizem as Escrituras.

Mundo Próprio

Agora, a pessoa está quase em um mundo paralelo, que ela construiu, inconscientemente, dentro de si mesma, de sua própria mente e de seus próprios sentimentos.

Para proteger este mundo próprio, criado para que o indivíduo seja capaz de lidar com egoísmo, hipocrisia, dissimulação, mentira e falsidade, sem perder a sanidade mental, enquanto mantém as aparências perfeitamente intocadas na comunidade em que congrega, quem está dentro da igreja e longe de Deus desenvolve uma sólida camada emocional de proteção, a fim de também proteger sua vida dupla, mantendo, dessa forma, sua aparência religiosa, enquanto não abre mão da satisfação dos desejos cada vez mais fundos de seus pecados secretos.

Confiança Maligna

A situação, daqui para frente, piora cada vez mais rápido, visto que o que chamei de "mundo próprio" traz uma sensação muito grande, embora falsa, de segurança para continuar no erro e até se aprofundar ainda mais em outros. Essa tendência no aprofundamento progressivo de pecado foi abordada quando falamos de abismos que chamam outros abismos, no capítulo 2.

Mesmo que, para que se chegue até esse ponto, sem dúvidas, já tenha havido muita atuação de espíritos malignos, neste estágio eles passam a ter um papel muito importante, ao ajudar na já citada falsa sensação de segurança. Contudo, só em um próximo capítulo, vou falar mais especificamente sobre tais espíritos, pois você já deve ter percebido que em momento nenhum quero sequer deixar a impressão de que os erros que essas pessoas cometem são culpa deles (dos espíritos malignos) e não delas (das pessoas). Nunca se esqueça disso: a culpa é sempre do ser humano. O que ocorre é uma atuação espiritual do mal para potencializar a maldade que já há na pessoa, mas quando formos falar disso, mais a frente, voltarei a esse assunto. Por ora, continuemos focados na pessoa, que, salvo em situações muito específicas, como incapacidade mental, por exemplo, é e sempre será a responsável pelas decisões que toma e por tudo o que faz.

Agora, há confiança (falsa segurança) de que como ninguém vai descobrir, também não haverá consequências sociais e físicas. De modo que a descida ladeira abaixo na lama do pecado continua a todo vapor. E, embora a consciência de que Deus sabe de tudo não se vá, também há a confiança (falsa segurança) de que Ele não fará nada a respeito. O pensamento enganoso que vem a mente da pessoa é algo parecido com isso: *"sei que é errado, mas parece muito seguro continuar, afinal de contas, Deus não fez nada até agora. Posso parar quando quiser"*. Terrível engano.

Novas Possibilidades

O horizonte de novas possibilidades para aprofundamento dos pecados e até para exploração de novos terrenos pecaminosos, que a essa altura já permeiam a mente da pessoa, agora fica muito mais acessível, pois a confiança (falsa segurança) lhes permite ter a coragem de dar passos a frente, para praticarem coisas piores e mais graves (diante de Deus e/ou da sociedade).

O que antes era demais, agora já não parece um buraco tão fundo e nem um risco tão grande a se correr, afinal de contas, o mundo próprio e a confiança (falsa segurança) de que ninguém vai saber e de que nada vai acontecer, criam o ambiente perfeito para que passos mais ousados, que antes pareciam distantes e perigosos demais, sejam dados.

Porcos na Cama

Certa vez, há alguns anos, assisti a um programa que mostrava o caso de pessoas que viviam em condições perigosas, sem reconhecerem que suas situações eram sérias. Um desses casos foi o de uma mulher, viúva, que criava porcos e os tratava como animais de estimação. O que não é tão incomum assim, já que os porcos costumam ser bem inteligentes e carinhosos, quando criados como animais de estimação. Entretanto, o problema é que ela os deixava ter acesso a todos os cômodos da casa, inclusive a seu quarto.

Lembro que quando a psicóloga do programa entrou no quarto, junto da apresentadora, de uma das filhas da mulher e da equipe de filmagem, a cama estava imunda, cheia de manchas de lama. Havia também, no quarto, um cheiro terrível, que não consegui sentir pela TV, é claro, mas que foi visivelmente percebido por todos que ali entraram. Os porcos não só tinham acesso ao quarto, como também ficavam na cama dela, mesmo ainda sujos da lama do quintal, totalmente contaminada por urina e fezes.

O mais impressionante de tudo foi a surpresa da mulher ao ser abordada pela profissional, que procurou mostrar-lhe o problema que aquilo era e o perigo que representava. A dona da casa simplesmente não entendeu a surpresa e a preocupação da psicóloga do programa. Veja bem, não estou dizendo que ela apenas não queria mudar a situação. O que ocorria era algo bem mais grave, pois ela nem sequer via um problema naquilo, pois achava que tudo era a coisa mais normal do mundo.

O mesmo acontece com os que estão dentro da igreja e longe de Deus, e que vêm seguindo as etapas que já vimos até aqui. Na maioria das vezes, olham para si mesmos, para suas próprias vidas, para seus pecados secretos, e não enxergam que têm porcos sujos frequentando e contaminando suas camas. E quando falo cama, não significa que estou me referindo apenas a pecados sexuais (mesmo que reconheça que estão entre os mais comuns), de forma alguma, estou apenas usando a alegoria da história que contei para simbolizar qualquer tipo de vida secreta de pecados.

Desconhecidos de si Mesmos

Então, duas coisas bem distintas ocorrem. Primeiro, algumas vezes, ao olhar-se no espelho ou olhar para si mesma, tal pessoa simplesmente ignora completamente o que está acontecendo, quase acreditando na própria mentira, que conta aos outros com sua vida dupla, cheia de dissimulação e hipocrisia.

A segunda coisa que acontece é a seguinte: as vezes, quando confrontada com o porco na cama ou com a sujeira deixada por ele, e acaba caindo em si para perceber que há algo de muito errado, sente como se não fosse mais ela mesma, como se uma outra pessoa, estranha, tivesse tomado conta da sua vida, dominando-a e impedindo que algo mude.

É claro que não pretendo esgotar aqui tudo o que acontece na vida desses indivíduos. Sei que cada caso é um caso. No entanto, por minha experiência pastoral de mais de doze anos, durante os quais procurei ajudar inúmeras pessoas nessa situação, entendo que estou citando o que todos os casos, ou, pelo menos, a maioria absoluta deles, têm em comum.

Há três tipos de inimigos, que "ajudam" nessa descida cada vez mais funda ao limbo do pecado. Vamos falar deles agora e, principalmente, tentar descobrir como vencê-los. Pois, como tenho falado insistentemente, a intenção deste livro não é apenas apontar o problema, mas, principalmente, como um instrumento nas mãos do Senhor, ajudar quem quer se libertar dessa terrível situação.

Capítulo 6 – Inimigos

Um Pouco Mais Sobre o Pior Inimigo

No capítulo 2, quando falei sobre a dinâmica perigosa, citei esse pior inimigo. No entanto, diferente do que você viu lá, quando abordei a questão para ilustrar o homem natural como um combustível alimentador da dinâmica, neste capítulo, vou falar sobre o assunto de forma mais abrangente.

"Que concluiremos então? Estamos em posição de vantagem? Não! Já demonstramos que tanto judeus quanto gentios estão debaixo do pecado. Como está escrito: 'Não há nenhum justo, nem um sequer; não há ninguém que entenda, ninguém que busque a Deus. Todos se desviaram, tornaram-se juntamente inúteis; não há ninguém que faça o bem, não há nem um sequer'. 'Suas gargantas são um túmulo aberto; com suas línguas enganam'. 'Veneno de serpentes está em seus lábios'. 'Suas bocas estão cheias de maldição e amargura'. 'Seus pés são ágeis para derramar sangue; ruína e desgraça marcam os seus caminhos, e não conhecem o caminho da paz'. 'Aos seus olhos é inútil temer a Deus'. Sabemos que tudo o que a lei diz, o diz àqueles que estão debaixo dela, para que toda boca se cale e todo o mundo esteja sob o juízo de Deus." **(Romanos 3:9-19)**

Na minha opinião, essa é a mais perfeita descrição que as Escrituras nos dão, do homem de natureza caída, que vive em todos nós, independente de sermos ou não cristãos. A diferença dos que estão em Cristo para os que continuam mortos em seus delitos e pecados é que os cristãos verdadeiros, apesar de pecarem, por conta de ainda terem esse 'monstro' vivendo dentro de si mesmos, não são mais escravos do pecado, o que significa dizer que neles, esse velho homem não tem mais domínio da mente, do coração e nem das atitudes, embora ainda permaneça lutando para voltar a assumir o controle. E esse é um dos principais motivos pelos quais a santificação é um caminho imprescindível para cada cristão que vive na face da terra.

No texto da sua carta aos Romanos que acabamos de ler, o apóstolo Paulo é bem claro quando, guiado pelo Espírito Santo, nos diz que não há um justo sequer. Isto é, ninguém se salva de fazer parte do escopo do texto. É claro que nem todos cometem os mesmos pecados, no entanto, todos os seres humanos são igualmente maus, por natureza. De modo que todos são capazes de fazer as piores coisas, ainda que nem todos cheguem aos extremos que alguns alcançam. Simplificando, todos são capazes de cometer os piores pecados, ainda que nem todos cheguem a usar todo esse potencial de maldade, que há em todo ser humano.

Portanto, antes de começar a falar sobre aplicações diretas ao assunto do qual estamos tratando neste livro, vale ressaltar que todos os homens e mulheres, como consequência da queda, nascem escravos do pecado, em inimizade com Deus e incapazes de agradá-lo, por si mesmos.

Quando se trata de pessoas que estão dentro da igreja e longe de Deus, esse homem interior, de natureza totalmente afastada do Criador e de tudo o que é bom, além de fazer com que um abismo chame outro abismo, dentro da dinâmica que vimos no capítulo 2, também é responsável por esconder essa condição das outras pessoas, aparentando piedade e santidade, por meio de uma vida de pseudodevoção espiritual e frequência em cultos, como se isso fosse sinônimo de que alguém está perto de Deus.

O pior inimigo de uma pessoa é ela mesma, pois quando a natureza caída, seja continuamente ou por certo período, assume o controle, a escravidão do pecado é inevitável.

"Não sabem que, quando vocês se oferecem a alguém para lhe obedecer como escravos, tornam-se escravos daquele a quem obedecem: escravos do pecado que leva

à morte, ou da obediência que leva à justiça?" **(Romanos 6:16)**

O pecado, por sua vez, quando domina, só leva ao agravamento da situação de quem está dentro de uma igreja sem ter comunhão com Deus. E se não houver uma interrupção, com verdadeiro arrependimento e operação de Deus, o resultado certo será a morte espiritual. Afinal de contas, como diz o texto citado acima, o pecado leva a morte.

Apesar de termos acabado de conhecer o pior inimigo, ele não é o único. Infelizmente, também não trabalha sozinho, pois o próximo inimigo une suas forças a natureza caída do ser humano, para piorar ainda mais a situação.

Dimensões Espirituais

Até agora, evitei, de propósito, falar de espíritos malignos, pois há, por todos os lados, uma tendência errada e irresponsável, no sentido de se colocar a culpa, que é só de pessoas, em demônios. Contudo, não há como não falar deles, pois dessa dimensão espiritual de maldade vem o segundo inimigo, melhor dizendo, uma classe de inimigos, visto que são muitos.

Como não é um assunto central do livro, não vou gastar muito tempo com explicações longas e detalhadas sobre esses seres. Contudo, creio que seja importante que entendamos o básico sobre eles:

- São espíritos. Portanto, não possuem corpo físico;

- São maus. Odeiam o ser humano e a criação de Deus;

- Odeiam a obra da cruz, o Evangelho de Jesus;

- Sabem que estão condenados e pretendem arrastar o máximo de pessoas que puderem para a mesma condenação.

Como eu disse que faria, citei apenas o que é indispensável sabermos, para que continuemos a compreendê-los como inimigos, no contexto sobre o qual estou falando.

Veja o que diz o Apóstolo Paulo, em sua carta à Igreja de Éfeso: *"Porque não temos que lutar contra a carne e o sangue, mas, sim, contra os principados, contra as potestades, contra os príncipes das trevas deste século, contra as hostes espirituais da maldade, nos lugares celestiais."* **(Efésios 6:12)**

Vamos nos ater às últimas palavras desse versículo, quando Paulo nos diz algo sobre o lugar em que esses espíritos estão. A expressão *"nos lugares celestiais"* é usada com a clara intenção de dizer-nos que estes seres não estão na mesma dimensão em que nós vivemos. Isso é reforçado ainda mais pelo início do verso, onde está escrito que *"não temos que lutar contra a carne e o sangue"*, em uma clara referência de que estes entes não habitam a mesma dimensão que os seres humanos. Isto é, não podemos vê-los e tocá-los naturalmente. Qualquer contato com eles só se dá de forma sobrenatural.

Embora haja muito a ser expandido e entendido sobre tais seres, levando-se em conta as Escrituras, a tradição judaica, as declarações do próprio Paulo sobre ter ido ao terceiro céu, o conteúdo do livro de Enoque (que não faz parte do cânon bíblico, mas é citado pelo novo testamento mais de uma vez, por Pedro e Judas, por exemplo) e até a física quântica, como demônios não são o escopo desse livro, fiquemos apenas com o que se relaciona diretamente ao nosso tema.

Para compreendermos esses inimigos, precisamos entender que eles estão no que chamarei, para simplificar, de mundo espiritual ou dimensão espiritual.

Como fica claro em vários casos, narrados nos evangelhos, espíritos malignos podem influenciar muito a vida das pessoas, mesmo que estejam nessa dimensão espiritual, que apesar de não poder ser vista por nossos olhos humanos, está ao nosso redor em todo tempo. Jesus deparou-se com inúmeros desses seres, expulsando-os e consequentemente libertando as pessoas que eram influenciadas e aprisionadas por eles. Não vou citar todas as passagens em que isso aconteceu, pois são muitas. No entanto, basta uma leitura simples dos evangelhos e você encontrará diversas dessas narrativas. A do jovem lunático e a do homem de Gadara, que morava entre os túmulos, são apenas dois exemplos, dos mais conhecidos. Se você ainda não o fez, incentivo-o a ler os quatro evangelhos, do início ao fim, para identificar a grande quantidade de ocasiões em que coisas semelhantes aconteceram com Jesus e seus discípulos.

Um equívoco muitas vezes cometido é quando se pensa que esses entes do mal só podem influenciar e aprisionar as pessoas que são possuídas por eles. Quando Jesus foi ao deserto, para ser tentado pelo diabo, é óbvio que Ele não ficou possesso, afinal, estamos falando do próprio Deus encarnado. Contudo, as Escrituras dizem que o diabo tentou influenciá-lo a pecar e a se afastar do propósito para o qual Ele veio a este mundo. Jesus resistiu a ele citando as próprias Escrituras e, dessa forma, venceu a tentação. E há outros exemplos, como quando Jesus, respondendo a Pedro, dirige-se diretamente a Satanás, deixando muito claro que o mesmo, embora não estivesse possuindo o corpo de Pedro, o tinha influenciado a dizer a Jesus que Ele não deveria morrer na Cruz e completar a obra da Graça. Também há o exemplo de Judas Iscariotes. João diz que o diabo colocou no coração dele a intenção de trair Jesus, o que ele acabou fazendo, em troca de algumas moedas. Por meio desses exemplos, fica claro que muitas vezes os espíritos malignos não possuem o corpo de uma pessoa, mas influenciam seus pensamentos, sentimentos e ações, muito mais do que se pode imaginar.

É importante que eu deixe claro, mais uma vez, que a culpa por condutas erradas e pecaminosas é sempre do homem ou da mulher, pois ainda que influenciados por uma força sobrenatural, todos continuam sendo responsáveis por seus pensamentos e ações.

As Escrituras também nos mostram que esses espíritos podem influenciar grupos de pessoas, até sociedades inteiras, na verdade. Também não vou entrar em muitos detalhes sobre isso, mas no livro de Daniel, por exemplo, vemos que há seres, como esses, que dominam territórios, influenciando, sempre para o mal, o comportamento de muitas pessoas, ao mesmo tempo. É interessante citar isso, pois quando uma congregação é composta de muitas pessoas influenciadas por demônios, é possível e provável que todo aquele grupo de pessoas fique sob algum nível de influência desses espíritos, ainda que não seja certo que todos darão ouvidos a eles, visto que há um remanescente santo na Igreja de Cristo, que não se enquadra nas situações descritas nesse livro.

Depois de conhecermos o primeiro e pior inimigo, que é a natureza pecaminosa do próprio ser humano, e o segundo, que são espíritos malignos, que podem influenciar, sempre para o mal, pessoas e até igrejas inteiras, vamos conhecer o terceiro e último.

Inimigos Amados

O terceiro inimigo também trata-se de uma classe de inimigos, pois também podem ser muitos. São as pessoas, que intencionalmente ou não, acabam colaborando para que inúmeros indivíduos permaneçam dentro da igreja e longe de Deus.

Embora não deixem de ser inimigos em potencial, ao continuarmos utilizando o que nos é revelado em Efésios 6:12, fica muito claro que nossa luta não é contra pessoas. Ou seja, mesmo que pessoas colaborem para que alguém permaneça nas situações descritas neste livro, não se deve lutar contra elas da mesma maneira que se deve lutar contra o velho homem e contra os espíritos malignos.

As armas da luta contra pessoas que, seja por influenciarem, darem mau exemplo, coagirem, perseguirem ou exercerem qualquer outra forma de manter as pessoas no pecado e, portanto, longe de Deus, deve ser o amor. Isto é, nossa arma contra esses inimigos é amá-los e abençoá-los, sempre que pudermos. É preciso que três coisas fiquem bem claras:

1. O texto de Efésios não deixa dúvidas que nossa luta não é contra as pessoas;

2. Jesus disse que se deve amar até mesmo os inimigos, além de orar até pelos perseguidores;

3. Da mesma forma que ocorre com os seres malignos, por mais que uma ou diversas pessoas influenciem alguém para errar, continuar no erro ou se aprofundar ainda mais nele, a culpa não pode ser transferida. Quem comete os atos é responsável por eles.

No próximo capítulo, vamos começar a entender, com mais detalhes, como essas condições individuais fazem com que tenhamos uma igreja tão grande em número e, ao mesmo tempo, tão incapaz de fazer diferença na sociedade.

Capítulo 7 – Contaminação Autoimune

Autoimune?

Uma das séries mais interessantes que já assisti é a que conta a história de um renomado médico chamado Dr. House. Trata-se de um homem extremamente cético e inteligente, que embora seja uma pessoa muito difícil de se lidar, sempre é procurado nos casos mais difíceis, quando outros especialistas da medicina não conseguem chegar a um diagnóstico.

Em muitos dos episódios, a equipe de médicos que auxilia o Dr. House sugere que o paciente sendo tratado poderia estar com alguma doença autoimune. Bom, de tanto ouvir esse termo, em boa parte dos episódios, lembro que fui até a internet, procurei e encontrei o seu significado.

Basicamente falando, as doenças autoimunes fazem com que o sistema imunológico fique desorientado, passando a atacar o próprio corpo e os órgãos que deveria proteger. Essas doenças também têm a característica de serem mais difíceis de reconhecer e, consequentemente, de diagnosticar e tratar.

Quando uma congregação contém, até mesmo em posições de liderança, uma quantidade considerável de pessoas que estão dentro da igreja e longe de Deus, as mesmas características de uma doença autoimune ocorrem. O corpo literalmente ataca a si mesmo, ou seja, tal congregação é consumida, espiritualmente falando, por seus próprios membros, que se encontram em alguma(s) das situações descritas neste livro.

E isso não está necessariamente ligado a uma igreja ser bem-sucedida ou não, humanamente falando, visto que há inúmeras igrejas enormes, ricas, com milhares de membros, mas que pregam um evangelho distorcido e não exalam, nem de perto, o perfume de Cristo.

Quando os pecadores entram em uma congregação como essa, passam a ter contato com um corpo contaminado e adoecido, que ataca a si mesmo, como ocorre com o corpo humano, diante das doenças autoimunes. Como resultado, os que se "convertem" e passam a fazer parte de uma organização assim, em vez de se encherem de Deus, passam, na maioria das vezes, a fazer parte do grupo de pessoas descrita neste livro, ou seja, passam a colaborar no aumento do número de indivíduos que estão dentro de uma igreja e longe de Deus.

Fruto Podres

"Não existe árvore boa produzindo mau fruto; nem inversamente, uma árvore má produzindo bom fruto. Pois cada árvore é conhecida pelos seus próprios frutos. Não é possível colher-se figos de espinheiros, nem tampouco, uvas de ervas daninhas. Uma pessoa boa produz do bom tesouro do seu coração o bem, assim como a pessoa má, produz toda a sorte de coisas ruins a partir do mal que está em seu íntimo, pois a boca fala do que está repleto o coração..." **(Lucas 6:43-45)**

Nessa passagem das Escrituras, Jesus está comparando as pessoas a árvores, com a intenção de nos ensinar que não importa o que alguém diz ser. O que realmente importa para determinar o que a pessoa é, são as atitudes e obras que ela apresenta, como resultado da sua existência.

No contexto em que estamos, tanto as pessoas que vivem dentro de uma instituição religiosa e longe do Criador, quanto as congregações formadas por essas pessoas, por mais que aparentem alguma coisa boa e santa, de alguma forma, certamente estão dando frutos podres. Esses frutos ruins podem ficar escondidos por algum tempo, mas acabarão sendo revelados, seja nesse mundo ou quando o Senhor trouxer luz a todas as obras dos homens, naquele grande dia.

O resultado disso é a situação deprimente, quando se trata de igrejas cristãs, que se vê por todos os lados, em todas as regiões do Brasil e na maior parte do mundo ocidental. Ainda não vou citar aqui algumas das coisas absurdas que têm acontecido e sido pregadas nas igrejas, que nos fazem diagnosticar essa terrível verdade, pois vou fazê-lo mais a frente. Contudo, como vimos anteriormente, só o fato da quantidade de cristãos professos não ser compatível com o resultado que vemos em nosso país, já é, por si só, um sinal incontestável de que há algo muito errado. Algo que, nessa altura, já estamos em condições de identificar melhor.

Árvore Doente

Cresci em uma casa que tinha uma grande mangueira no quintal. Todos os anos, a fruta que mais se via lá em casa era manga, pois a árvore produzia muitas. Contudo, em um determinado ano, quando eu devia ter uns oito ou nove anos de idade, as folhas das árvores começaram a ter umas manchas estranhas, amareladas, como se houvesse algum tipo de crosta nelas. Mais tarde, quando as mangas começaram a nascer, todas elas já estavam pretas e murchas, antes mesmo de amadurecer. Lembro que meu pai me disse que a árvore estava com alguma "doença". Com certeza, ele estava se referindo a alguma praga que infectou nossa mangueira e fez com que todos os frutos produzidos naquele ano já nascessem ruins, condenados.

Isso, infelizmente, é o que está acontecendo com a maioria das congregações ditas "evangélicas" do Brasil. Árvores adoecidas pelas causas que já citamos aqui, compõem uma "igreja" que dá frutos ruins, simples assim. Isso explica a quantidade alta de cristãos e a falta do reflexo disso em nossa sociedade.

Na verdade, a Igreja de Jesus ainda é santa, cheia do Espírito, de amor e de temor do Senhor, todavia, o problema é que temos chamado de igreja o que não é, em sua maioria, a verdadeira Igreja de Cristo. Estamos chamando de plantação de árvores boas, o que na verdade não passa de um campo cheio de árvores doentes. A doença das árvores, nesse caso, é a vida dupla dos membros dessas igrejas. Vidas cheias de pecados, que enchem o coração e são cometidos às escuras, ao mesmo tempo em que a aparência externa é exibida como boa e "santa".

Dois Extremos

Todas essas árvores de frutos ruins, que têm aparência de serem bonitas, mas que não dão coisas boas aos que delas se aproximam, estão espalhadas em duas grandes concentrações, como em dois lados opostos, ambos com dimensões enormes.

De um lado, está o tradicionalismo religioso, cheio de cristianismo, mas sem Cristo. Com doutrinas bíblicas e corretas, mas sem a realidade da Palavra de Deus testemunhada na vida das pessoas. Com linhas teológicas coerentes e completamente dignas de respeito, sem sombra de heresias, mas também sem que as Escrituras tornem-se verdadeiramente a Palavra Viva de Deus, que é Jesus Cristo, talhada nos corações, como em pedras. Aqui estão muitos que se enquadram nos quatro pontos que vimos no capítulo 1, quando procurei enumerar as razões que enxergo para que o número de cristãos no país não gere os resultados que deveria gerar, com base nos precedentes bíblicos e históricos.

Do lado de lá, no outro extremo, estão os que, de uma forma ou de outra, são movidos pela mente e pela emoção. Daqui saem aberrações como a "teologia da prosperidade" e a "confissão positiva". Nesse extremo, temos muita emoção, muita técnica de persuasão neurolinguística e praticamente nada de verdadeiro Evangelho. O que há em comum em todos os grupos que ficam nesse extremo é a centralidade no ser humano e em seus desejos e vontades, em vez da centralidade correta do Evangelho verdadeiro, que deve ser apenas em Deus, através de Jesus, o Cristo.

E no meio desses dois extremos, estão as árvores do Evangelho, aquelas que vivem segundo Jesus e que dão bons frutos a todos os que delas se aproximam. Esse grupo infelizmente é muito pequeno, mas glorifica a Deus de verdade, anunciando o Evangelho genuíno, mesmo em meio a tanta dissimulação, heresia e engano.

Remanescente Pequeno: Os Bons Frutos

É importante ressaltar que não estou falando necessariamente de igrejas específicas. Embora haja algumas congregações ou denominações que exemplifiquem muito bem cada extremo, não é possível generalizar, de forma alguma. O que estou falando pode ser aplicado tanto a pessoas e grupos de pessoas, quanto a congregações e denominações.

Quem lê, vai precisar entender e discernir por si mesmo, pois aqui não citarei pessoas e instituições.

Este livro tem o objetivo de ajudar pessoas, portanto, quem se identificar com algo colocado aqui, precisa tomar atitudes relacionadas a sua própria vida, e não tentar mudar, por meio da força, uma congregação ou denominação. Nossa parte é pregar e ensinar a verdade, mas a obra é sempre do Espírito Santo, sem força nem violência, ou seja, sem nenhum tipo de imposição. É desta forma que, com este livro, pretendo ajudar as pessoas, apenas ensinando e anunciando o que, por misericórdia, Deus me deu a Graça de conhecer. Nem o convencimento e muito menos a transformação de ninguém depende de mim, mas exclusivamente de Deus, que por sua Graça usa este vaso de barro que aqui escreve, com muito temor, tremor e, acima de tudo, amor, por Deus, por você, ainda que não o(a) conheça, e pelas almas de toda a terra.

"No entanto, fiz sobrar sete mil em Israel, todos aqueles cujos joelhos não se inclinaram diante de Baal e todos aqueles cujas bocas não o beijaram." **(I Reis 19:18)**

Quando o rei Acabe e sua esposa Jezabel reinavam sobre Israel, a idolatria e o afastamento de Deus foram extremos. O profeta Elias, que viveu no mesmo período, em um momento de desabafo, chegou a dizer que ele era o único restante em Israel, que não tinha sido contaminado por tudo o que estava ocorrendo. Contudo, Deus usou um número, que pode ser entendido de forma literal (sete mil pessoas) ou simbólica (sete mil como um número perfeito de pessoas), para deixar claro que mesmo sendo uma minoria, ainda eram muitos os que não tinham se dobrado a Baal (deus cultuado por outras nações e que começou a ser adorado em Israel, com cada vez mais intensidade, nesse período).

Da mesma forma, hoje, as árvores boas do Senhor, que dão bons frutos e vivem o verdadeiro Evangelho, ainda que poucas, estão preservadas e não se dobraram a esse Baal dos nossos tempos, um falso Jesus, acompanhado de um falso evangelho, bem diferente daquele que é revelado pelas Escrituras.

Louvado seja o Senhor, porque há um remanescente na terra e, mais especificamente, no Brasil, que, assim como Elias, não se cala diante dos absurdos que são feitos e ensinados em "nome de Jesus". Esse remanescente tem a água da qual o mundo tem sede.

Assim como nos tempos de Acabe e Jezabel, o Nome do Senhor vem sendo envergonhado entre os homens, por conta das atitudes dos que dizem servi-lo. Se alguém faz parte do grupo de pessoas descrito nesse livro e deseja, de verdade, mudar isso, há poder no verdadeiro Evangelho para mudar a situação. Entretanto, antes de falar sobre isso (afinal de contas, não basta que eu fique aqui apontando erros e causas, também preciso dar a direção da solução), vamos entender um pouco mais de como o nome do Senhor chega até a ser blasfemado entre os que não creem no Evangelho, por conta dessas pessoas, que vivem dentro de uma igreja e longe do verdadeiro Deus.

Capítulo 8 – Envergonhando as Boas Novas

Ao Fim, Merecemos as Acusações

"Então você, que ensina os outros, não ensina a si mesmo? Você, que prega contra o furto, furta? Você, que diz que não se deve adulterar, adultera? Você, que detesta ídolos, rouba-lhes os templos? Você, que se orgulha na lei, desonra a Deus, desobedecendo à lei? Como está escrito: 'O nome de Deus é blasfemado entre os gentios por causa de vocês'." **(Romanos 2:21-24)**

Quando se entende que, no Brasil, a grande maioria dos que se dizem "evangélicos", na verdade, estão em um dos dois extremos de árvores ruins que identificamos no capítulo anterior, fica evidente a razão de haver tamanho número de igrejas e, proporcionalmente falando, tão poucas verdadeiras manifestações do Evangelho.

No texto de sua carta aos Romanos, que transcrevi no início do capítulo, fica bem claro que o apóstolo Paulo está dando uma descrição extremamente precisa do mesmo grupo de pessoas sobre o qual falamos aqui no livro. No entanto, além de fazer referência a elas, ele também nos diz algo muito sério, que já acontecia em sua época, e que atualmente tem se multiplicado assustadoramente. O Nome do Senhor é blasfemado e envergonhado entre os não cristãos, por causa dos que, se dizendo cristãos, vivem em hipocrisia e dissimulação, mantendo seus pecados secretos, enquanto ensinam os outros a não cometê-los.

Em geral, Paulo está dando exemplos para dizer: *"você prega e ensina contra um tipo de pecado, mas mesmo assim comete-o?"*. Quando os não cristãos veem isso, seja por presenciarem a pessoa tendo um comportamento na igreja e outro, totalmente diferente, fora dela, ou por ficarem sabendo quando um pecado vergonhoso e secreto de alguém que se dizia cristão praticamente, vem a tona, passam a achar que Deus, de alguma forma, compactua com esse tipo de atitude. De modo que, muitas vezes, isso faz com que as pessoas passem a zombar, ridicularizar ou não querer ouvir nada que venha de "crentes". Tal generalização é quase inevitável nesses casos, principalmente por virem de indivíduos que não confiam em Cristo para a salvação.

Quando a maioria do movimento percebido pela sociedade como "igreja evangélica" é composto e até liderado, em muitos casos, por pessoas que estão longe do Senhor, seja por nunca terem nascido de novo ou por estarem afastadas do Caminho de Jesus, o resultado é visto nas verdadeiras insanidades, que beiram o inacreditável, que estão por todos os lados, sendo pregadas e ensinadas, em "nome de Jesus".

Vejamos apenas alguns exemplos, que emanam das igrejas ditas "evangélicas" mais populares, mas que não tem absolutamente nada a ver com o verdadeiro Evangelho. Os dois primeiros, de certa forma, são pais dos demais e de muitos outros, que não vou ter tempo de citar aqui, pois pediriam um livro específico. Vamos lá:

- A teologia da prosperidade, mãe de todos os que constrangem as pessoas a darem dízimos e ofertas por obrigação e barganha, encorajando-os a comprarem Deus, para que recebam aquilo que acham que precisam receber dEle. Daí saem loucuras inimagináveis, como quando dizem que Deus quer dar riquezas a todos, desde que tais pessoas deem primeiro, além de dízimos e ofertas recorrentes e obrigatórios, uma oferta de "sacrifício", em uma determinada campanha. Isso é tão louco, que não se sustenta nem diante da leitura do Novo Testamento, por parte de uma criança de dez anos de idade;

- A confissão positiva, que na mesma linha da teologia da prosperidade, coloca Deus como uma espécie de empregado ou garçom, pronto a atender tudo o que for determinado pelas pessoas, desde que tenham o que eles chamam de fé. Aqui o centro de tudo é no homem e no que ele quer. O que não tem nada a ver com o Evangelho, que tem em seu centro o trono do Senhor, o Cordeiro e o Espírito de Deus, que arde diante do trono;

- Feitiçaria gospel, que tem entre suas práticas a venda disfarçada e culto de objetos "consagrados" e "ungidos". São rosas, meias, fronhas, sabonetes, martelos, saquinhos, tijolinhos, vassouras, etc. A lista é interminável e deprimente;

- Perversão da adoração bíblica, com música, em um verdadeiro mercado, que só produz duas coisas: muito dinheiro, para quem nele está envolvido, e idolatria das pessoas a esses pseudoadoradores, que cobram fortunas para irem a igrejas e fazerem seus shows, disfarçados de louvor e adoração, com músicas, na maioria das vezes, totalmente centradas no ser humano e não em Cristo, e cheias de erros teológicos gravíssimos;

- Proliferação de pregadores, pastores, bispos, profetas, apóstolos e seja lá que outros nomes possam ter, que cobram fortunas para pregar o que deveria ser de graça, além de serem verdadeiros "astros gospel", idolatrados pelas pessoas e por todo o sistema "evangélico", que é altamente corrompido e comprometido com a continuidade de toda essa doidice;

- Altíssima quantidade de promiscuidade, ganância e avareza, tanto entre as lideranças, quanto no meio das pessoas que a elas se submetem;

- Geração de "novos convertidos" que não sabem sequer o que é o Evangelho de Jesus, pois só aprendem a ser frequentadores de igrejas, com doutrinas, regras e costumes, que variam conforme o local em que tenham se "convertido".

Os exemplos são inúmeros e, como disse, não tenho espaço para citar todos aqui. No entanto, até porque eles continuam a aparecer todos os dias, basta que se olhe com atenção para o que vem desse mundo "gospel", a nossa volta, e se você tiver o mínimo de discernimento e conhecimento do Evangelho, sempre os identificará.

Se quem conhece o verdadeiro Evangelho fica estupefato diante de tudo isso, imagine quem vê, de fora, e está sujeito a forte tendência de achar que as "igrejas dos crentes" são todas iguais.

Estou convencido de que não podemos reclamar das múltiplas acusações que recebemos, enquanto "evangélicos", pois se eu estivesse no lugar de quem vê toda essa verdadeira piração, também pensaria, a semelhança deles, que "essas igrejas só fazem lavagem cerebral para tirar dinheiro das pessoas".

Diante dessa situação, na visão tanto de quem foi tragado por esse falso evangelho e conseguiu sair, decidido a nunca mais voltar a participar de uma igreja, quanto de quem vê tudo de fora e se decide a nunca dar ouvidos aos "crentes", as Boa Novas de Cristo, de certa forma, são envergonhadas, exatamente conforme o texto que citei no início do capítulo, por conta da conduta dos que se dizem cristãos, mas que fazem coisas totalmente contrárias ao que pregam e dizem crer. Seja de forma aberta, descaradamente, ou de forma velada e secreta.

Entretanto, é de vital necessidade ressaltar, mais uma vez, que a Igreja de Cristo é santa e cheia do Espírito Santo. Ela está pronta para anunciar o Evangelho, que pode salvar e transformar a vida de qualquer pessoa, que viva na face dessa terra. Todavia, como tem se chamado de igreja o que não é Igreja, fica parecendo que tudo está no mesmo barco, no mesmo balaio, quando não está. O Poder de Jesus, que é o mesmo de ontem, hoje e o será para sempre, continua suficiente para operar a obra da Graça nos corações, mudando a vida de todos quantos crerem no genuíno Evangelho e confiarem nEle para salvação.

Reação Pelo Evangelho

Portanto, como só o Evangelho pode mudar isso, é necessário que o mesmo volte a ser pregado, cada vez mais, em sua real essência, por aqueles que foram salvos e andam no caminho diário da santificação.

É claro que não podemos nos enganar, achando que tudo vai mudar e que um avivamento vai varrer o nosso país, de alto a baixo, fazendo a maioria da população nascer de novo. Embora Deus seja poderoso para fazer isso, as Escrituras deixam claro que nos últimos dias, nos quais estamos vivendo, vide os sinais que se podem ver por toda parte, as coisas só piorariam, enquanto o amor de muitos se esfriaria.

Mesmo assim, os que forem alcançados pela Luz de Cristo, ainda que sejam poucos, podem fazer uma diferença enorme em nossa sociedade, multiplicando a pregação do verdadeiro Evangelho, que, por meio da operação do Espírito Santo, pode transformar nosso país. Lembra-se dos números? Lembra como poucas pessoas mudaram o mundo inteiro? O mundo nunca se tornou cristão, contudo, a bandeira do Evangelho foi levada hasteada pelos quatro cantos da terra, de modo que os que ouvem a mensagem e creem, podem vir a Cristo e ser salvos de seus pecados. O mesmo pode acontecer em nosso país.

Porém, isso deve acontecer individualmente. Quando cada cristão verdadeiro tomar consciência da sua missão, quando cada pessoa que vive em uma situação descrita nesse livro, achegar-se ao verdadeiro Evangelho, para ser transformada, e quando, em consequência disso, a Verdade for cada vez mais disseminada, pessoa por pessoa, começaremos a ver uma mudança acontecer.

E, então...

Verão a Diferença

"Então vocês verão novamente a diferença entre o justo e o ímpio, entre os que servem a Deus e os que não o servem." **(Malaquias 3:18)**

Se lermos o versículo anterior a este, Deus começa dizendo, *"no dia em que eu agir..."*. Isso nos ensina que a operação é sempre de Deus. Escrevo este livro com a consciência da minha falibilidade, sabendo que nada do que eu escrever pode ajudar pessoa alguma, caso não haja agir de Deus.

"Eis que a mão do SENHOR não está encolhida, para que não possa salvar; nem agravado o seu ouvido, para não poder ouvir." **(Isaías 59:1)**

Como as mãos do Senhor não estão encolhidas, de forma que não possa salvar, o remanescente fiel, nas mãos do Altíssimo, se encaixará perfeitamente no texto de Malaquias 3:18. Sem mais hipocrisia, sem mais dissimulação, sem mais vida fingida, sem mais mentira e sem mais medo, se verá que quem quer que assim passe a andar, manifestará a diferença entre o que serve a Deus e o que não serve.

Se você está dentro da igreja e longe do Evangelho, ou se você conhece pessoas assim e quer ajudar, no próximo capítulo, afirmo que há esperança. Vamos falar sobre ela.

Capítulo 9 – Há Saída

Indiferença. O Estágio Final

Depois de falar de maneira mais coletiva, nos dois últimos capítulos, quando me referi muito a congregações, denominações e grupos de pessoas, agora, minha linguagem precisa ser mais individualizado do que nunca. Creio que há três tipos de pessoas que estão lendo este livro e você deve se encaixar em um deles.

Você pode não fazer e nunca ter feito parte de nenhuma igreja. Se for esse o caso, algum motivo o atraiu para essa leitura e, como não acredito que ninguém chegue a esse texto, que não é nenhum pouco popular, se comparado ao que se tem escrito no meio "evangélico", por acaso, ouso afirmar que Deus lhe trouxe até aqui. Se for este o caso, venha comigo até o final, abrindo seu coração para que o Espírito Santo fale com você e opere a obra da Graça, da qual falarei muito mais adiante, em seu coração.

O segundo grupo de pessoas é o dos que estão efetivamente dentro de uma igreja e longe de Jesus. Se esse é o seu caso, a partir deste capítulo, vou fazer o possível para lhe ajudar a mudar isso de imediato. Prossiga a leitura e peça a Deus que fale com você e lhe ajude, pois não há dúvida de que há saída e de que ela está disponível para você hoje, agora.

Por último, vem o terceiro grupo de pessoas que pode estar lendo este livro. Se você, para a glória de Deus, não está enquadrado em nenhuma das situações nocivas que descrevi até agora (ainda que já tenha estado, um dia) e tem andado no caminho do Evangelho diariamente, é quase certo que esteja lendo com o intuito de ajudar uma ou mais pessoas, que se encontram ou possam vir a se encontrar nessa condição. Desejo que você entenda que, por mais que possa fazer sua parte, orando, pregando o verdadeiro Evangelho, aconselhando e até dando este livro de presente, a obra será sempre de Deus, pois Ele é o único que pode mudar o quadro de quem vive uma mentira. Quem está lendo esse livro e já esteve nessas circunstâncias, tendo sido liberto delas, entende muito bem do que estou falando. Você pode ajudar, mas a operação sempre tem que vir de Deus.

Dos cinco itens que o dicionário Michaelis usa para definir a palavra "Indiferença", destaco, abaixo, dois deles, que são os que se encaixam no tipo de indiferença que vou abordar:

"Apatia diante de qualquer estímulo;"

"Insensibilidade em relação a situações arrebatadoras; frieza"

A indiferença experimentada pela pessoa que vive a dualidade de aparentar ser o que não é, faz com que ela fique apática diante de qualquer estímulo que vise a mudança do quadro. O indivíduo não mais se sensibiliza, ou seja, permanece frio, diante da situação mais arrebatadora de todas, que é o risco de passar toda a eternidade longe de Deus, sofrendo o justo castigo por seus pecados. Afinal, não podemos nos esquecer de que o salário do pecado é a morte e de que somente pelo Evangelho genuíno de Jesus, quem nEle confia para salvação, conforme revelado pelas Escrituras, tem seus pecados perdoados e apagados pela obra da Graça, consumada na Cruz e na Ressurreição de Cristo dentre os mortos.

Esse tipo de indiferença é o estágio final de quem percorre o caminho perigoso sobre o qual tenho falado, sem que o mesmo seja interrompido pela mudança da situação, em alguma etapa, mediante genuíno arrependimento e operação de Deus para transformação. Além de ser o estágio final, é o mais perigoso de todos, pois só pode se arrepender de verdade quem entende a forma com que seus pecados (como os de todos nós) ofende a Deus. No entanto, quando a pessoa está indiferente a ponto de não reagir com a mínima sensibilidade diante disso e das consequências de chegar ao fim da vida assim, como poderá haver arrependimento?

Há Saída em Qualquer Fase

Contudo, ainda que a mudança nessa fase de indiferença pareça impossível, louvemos ao Senhor, porque para Ele não haverá impossíveis, em nenhuma de suas palavras. Podemos usar a mesma expressão dita por Jesus quando Ele usou a alegoria do camelo no fundo de uma agulha para exemplificar a dificuldade de um rico entrar no reino dos céus, e dizer que o que é impossível para os homens, é possível para Deus.

Portanto, afirmo, sem medo de errar, que há saída em qualquer fase. Não importa se alguém estiver iniciando a caminhada de estar em uma igreja e longe de Deus, se estiver em alguma das fases posteriores, quando um abismo vai chamando outro, ou se estiver no último estágio, de indiferença completa. Quando quem está em trevas vê a grande Luz, que é Jesus Cristo, e crê no Evangelho, nada pode deter o poder da obra salvadora, transformadora e libertadora de Deus na vida de tal pessoa, independentemente de quão fundo no poço de lama de pecado ela tenha ido.

Antes de continuar, preciso fazer um alerta. Não se pode abusar da misericórdia e da Graça de Deus. Quem, porventura, vir a se valer do entendimento de que Deus pode perdoar e mudar qualquer situação, em qualquer caso, para se entregar ao pecado consciente e recorrente, achando que depois basta pedir perdão e seguir a vida, está entrando em terreno extremamente perigoso. Não se pode jamais esquecer do texto que vou citar a seguir, pois o sinal de que alguém é salvo é que essa pessoa passa a se esforçar, todos os dias, para abandonar o pecado e consequentemente agradar e glorificar a Deus, em todos os seus pensamentos, sentimentos a ações.

"Assim, aquele que julga estar firme, cuide-se para que não caia!" **(I Coríntios 10:12)**

A Parábola do Pai de Amor

"Jesus continuou: Um homem tinha dois filhos. O mais novo disse ao seu pai: 'Pai, quero a minha parte da herança'. Assim, ele repartiu sua propriedade entre eles. Não muito tempo depois, o filho mais novo reuniu tudo o que tinha, e foi para uma região distante; e lá desperdiçou os seus bens vivendo irresponsavelmente. Depois de ter gasto tudo, houve uma grande fome em toda aquela região, e ele começou a passar necessidade. Por isso foi empregar-se com um dos cidadãos daquela região, que o mandou para o seu campo a fim de cuidar de porcos. Ele desejava encher o estômago com as vagens de alfarrobeira que os porcos comiam, mas ninguém lhe dava nada. Caindo em si, ele disse: 'Quantos empregados de meu pai têm comida de sobra, e eu aqui, morrendo de fome! Eu me porei a caminho e voltarei para meu pai, e lhe direi: Pai, pequei contra o céu e contra ti. Não sou mais digno de ser chamado teu filho; trata-me como um dos teus empregados'. A seguir, levantou-se e foi para seu pai. Estando ainda longe, seu pai o viu e, cheio de compaixão, correu para seu filho, e o abraçou e beijou. O filho lhe disse: 'Pai, pequei contra o céu e contra ti. Não sou mais digno de ser chamado teu filho'. Mas o pai disse aos seus servos: 'Depressa! Tragam a melhor roupa e vistam nele. Coloquem um anel em seu dedo e calçados em seus pés. Tragam o novilho gordo e matem-no. Vamos

fazer uma festa e comemorar. Pois este meu filho estava morto e voltou à vida; estava perdido e foi achado'. E começaram a festejar. Enquanto isso, o filho mais velho estava no campo. Quando se aproximou da casa, ouviu a música e a dança. Então chamou um dos servos e perguntou-lhe o que estava acontecendo. Este lhe respondeu: 'Seu irmão voltou, e seu pai matou o novilho gordo, porque o recebeu de volta são e salvo'. O filho mais velho encheu-se de ira, e não quis entrar. Então seu pai saiu e insistiu com ele. Mas ele respondeu ao seu pai: 'Olha! Todos esses anos tenho trabalhado como um escravo ao teu serviço e nunca desobedeci às tuas ordens. Mas tu nunca me deste nem um cabrito para eu festejar com os meus amigos. Mas quando volta para casa esse seu filho, que esbanjou os teus bens com as prostitutas, matas o novilho gordo para ele!' Disse o pai: 'Meu filho, você está sempre comigo, e tudo o que tenho é seu. Mas nós tínhamos que comemorar e alegrar-nos, porque este seu irmão estava morto e voltou à vida, estava perdido e foi achado'." **(Lucas 15:11-32)**

Em praticamente todas as bíblias, as epígrafes (nome dado aos títulos, em negrito, que precedem cada bloco de texto) se referem a essa parábola como "A Parábola do Filho Pródigo", ou com algum outro nome relacionado ao filho. Entretanto, tudo nela nos leva ao amor e perdão do pai. É ele que, exatamente como Deus, está no centro da história. É sempre tudo sobre Deus e não sobre nós. Que aprendamos isso. Tudo acontece para glorificar o Senhor.

Como essa parábola não está sendo dirigida a pessoas que uma vez se converteram e se afastaram de Deus, ela refere-se a qualquer indivíduo, de toda terra, que um dia entenda a situação espiritual terrível em que está e, arrependido, volte correndo para a casa do pai.

A parábola é tão rica e maravilhosa, que seria facilmente possível escrever um outro livro só sobre ela (o que tal vez eu faça, algum dia), no entanto, para aplicação direta do que estamos falando, farei algumas importantes considerações. Antes disso, mesmo que você já tenha feito isso, peço que volte um pouco e leia-a novamente, bem devagar e com atenção.

Leu? Obrigado. Agora, deixe-me ressaltar algumas coisas importantes.

O ponto determinante para que o filho decidisse voltar ao pai foi olhar para si mesmo e compreender a situação terrível em que estava. No meio da lama, com porcos, comendo a mesma comida deles. Sobretudo para os judeus daquela época, isso tinha um simbolismo muito forte, que não podemos, de forma alguma, deixar de considerar, visto que os porcos eram animais ditos imundos, que simbolizam, na parábola, o estado de alguém que vive na lama do pecado, comendo da comida de porcos. Lembra-se de quando contei sobre o programa de TV em que a mulher tinha os porcos na cama? Pois bem, para que alguém saia do quadro descrito neste livro, primeiro, precisa entender como é grave e degradante a situação em que está, no meio da lama do pecado, da mesma forma que aquela mulher só poderia sair da situação perigosa em que estava, exposta a doenças seríssimas, se entendesse a gravidade do que estava fazendo, deixando os porcos, sujos de lama e de toda imundície do quintal, livres pela casa, até para subirem em sua própria cama. Só assim pode nascer o verdadeiro arrependimento, que já é um resultado da fé, que não vem de nós mesmos, mas é um dom de Deus.

Em segundo lugar, quero ressaltar a impressionante disposição de perdão e o amor incondicional do pai. Mesmo tendo sido ofendido pela atitude do filho (assim como ofendemos a Deus com nossos pecados), quando o viu voltar, saiu correndo ao encontro dele, abrancando-o e beijando-o, pronto para dar uma grande festa por tê-lo de volta. Jesus contou essa história para que tivéssemos uma ideia, por meio da comparação com algo humano (como é a relação de pai e filho), do que é o amor de Deus por nós. É algo que, pelo menos até que estejamos com Ele, na Jerusalém celestial, só conheceremos em parte, pois é um amor que não pode ser comparado com qualquer padrão terreno. Quem quer que esteja em uma situação como a abordada nesta obra ou em qualquer outra, longe de Deus, precisa saber que, ao voltar arrependido, o Pai celestial reagirá assim e haverá festa no céu, como Jesus disse que há, quando um pecador se arrepende. Aleluia!

Por último, quero chamar atenção para a reação do irmão mais velho, que simboliza muito do que vemos nas igrejas hoje. Falarei disso mais adiante, todavia, é preciso pontuar aqui que os próprios "irmãos", membros de igrejas, tendem a receber muito bem quem se converte vindo de fora, enquanto igualmente tendem a não ser nada amigáveis com os que, sendo membros de igreja, pecaram e se arrependeram publicamente, seja porque decidiram revelar a situação em que viviam, seja porque tenham sido descobertos em seus pecados secretos. Como eu disse, logo mais, a frente, tratarei dessa relação com as pessoas.

O que precisa ficar agora é uma gloriosa certeza. Há saída! Mas ela só pode ser acessada quando a pessoa volta arrependida ao Pai, por meio do verdadeiro Evangelho de Jesus Cristo, sobre o qual falaremos com mais detalhes, a partir de agora.

Capítulo 10 – Ao Fim, o Mais Simples

Reconstruindo os Muros do Evangelho

Como só se pode voltar ao pai por meio do Evangelho, esse último capítulo será todo dedicado a ele, o maravilhoso Evangelho de Jesus Cristo.

Ao contrário do que muita gente pensa e ensina, o Evangelho puro, conforme revelado pelas Escrituras, é extremamente simples. Não estou afirmando que a vida com Deus é fácil, pois é evidente que a mesma envolve renúncia diária de desejos e vontades, para que a vontade de Deus seja feita. Muito menos estou dizendo que o próprio Deus é simples de ser compreendido, pois nada poderia estar mais longe da verdade, uma vez que por mais que O conheçamos aqui na terra, ainda conheceremos somente em parte. Entretanto, a essência da mensagem do Evangelho é extremamente simples, sem nenhuma das complicações que existem quando a apresentação da mesma se dá por intermédio da maioria dos sistemas religiosos humanos.

Voltar ao mais simples, à essência do genuíno Evangelho, é o que se precisa fazer, tanto para que o problema apresentado por este livro possa ser resolvido, quanto para que pecadores, em geral, venham a conhecer o Deus verdadeiro. Portanto, é isso que pretendo fazer neste capítulo, com a ajuda de Deus. Por favor, dê o melhor de sua atenção ao que vai ler, pois sem o entendimento do que vou escrever a seguir, é impossível que alguém saia da terrível situação de quem se encaixa em algum ponto do que falamos. Isto é, se não for pelo Evangelho, é impossível voltar ao pai, como na parábola que vimos no capítulo anterior.

"Então eu lhes disse: Vocês estão vendo a situação terrível em que estamos: Jerusalém está em ruínas, e suas portas foram destruídas pelo fogo. Venham, vamos reconstruir o muro de Jerusalém, para que não fiquemos mais nesta situação humilhante." **(Neemias 2:17)**

Esse texto fala de como Neemias, autorizado e enviado por Artaxerxes, rei da Pérsia (império que dominava a cidade de Jerusalém), de quem era copeiro, se dirigiu aos outros judeus que estavam na cidade, citando o estado de ruínas em que estavam os muros da cidade, e encorajando-os a trabalharem na reconstrução do mesmo. Essa é a interpretação literal do texto. Todavia, o que aconteceu nessa ocasião cai como uma luva para que ilustremos a situação deplorável em que se encontra a pregação "evangélica", que deveria ser fundamentada no Evangelho, até pelo significado da palavra, mas que está, em sua maioria, em ruínas, exatamente como estavam os muros de Jerusalém, quando Neemias os inspecionou. Inclusive, o ministério onde sirvo e do qual sou fundador e líder, junto do meu querido amigo e irmão, Pr. Luciano Thomé, chama-se "Reconstruindo os Muros do Evangelho" por essa razão.

É muito importante ressaltar que o Evangelho é santo e não precisa de nenhuma reconstrução. Nada do que façamos ou deixemos de fazer mudará sequer uma vírgula do que já está posto por Jesus e pela doutrina dos apóstolos. Assim sendo, nossa intenção é de reconstruir a **pregação** do verdadeiro, poderoso, simples e maravilhoso Evangelho de Jesus Cristo. Fazemos isso procurando, com a ajuda de Deus, voltar as Escrituras, a fim de combater todos os modismos e distorções que existem ou que possam vir a existir, no que se refere a pregação das Boa Nova de Jesus. Assim que terminar a leitura, vá até a internet e procure por "Reconstruindo os Muros do Evangelho". Você nos encontrará nas redes sociais e em nosso site, e poderá conhecer melhor o trabalho que temos feito, sempre rendendo toda a Glória de Deus.

Mas voltando ao nosso assunto, como só se pode ser liberto de estar dentro de uma igreja e longe de Deus voltando ao pai, por meio do genuíno Evangelho, é pertinente que demarquemos aqui, sem deixar margem para dúvidas, a diferença que há entre o que tem sido pregado por aí e a Verdade revelada pelas Escrituras. Isso porque se alguém tomar conhecimento de tudo o que foi dito até agora, identificando que se encontra nas situações colocadas, e tentar libertar-se sem que seja pelo Evangelho verdadeiro, perderá seu tempo. E não há melhor maneira de livrar-se do que é enganoso, senão conhecendo o que é verdadeiro.

Voltemos ao Senhor

Precisamos voltar ao Senhor! Precisamos voltar às Escrituras! Precisamos voltar a Jesus de Nazaré, o Cristo de Deus!

Se muitos dos que se encaixam no objetivo deste livro voltarem-se individualmente ao Senhor e a sua Palavra, consequentemente teremos grupos de pessoas voltando-se para Cristo. Isso pode resultar em congregações inteiras voltando ao Evangelho genuíno, afinal de contas, as igrejas são feitas de pessoas, não é mesmo?

No entanto, a pessoa que está dentro do sistema religioso e longe de Deus só pode voltar ao Senhor quando sabe a resposta para a seguinte pergunta: o que é o Evangelho?

Parece coisa básica, mas acredite, poucas pessoas, mesmo dentre as que frequentam igrejas, sabem responder a essa pergunta.

O Evangelho da Graça

"Não me envergonho do evangelho, porque é o poder de Deus para a salvação de todo aquele que crê..." **(Romanos 1:16)**

Um bom número de pessoas vai dizer, por já ter ouvido muitas vezes, que o "evangelho" significa "boa notícia". Resposta que não deixa de estar correta, pois a palavra "evangelho" significa "boa nova", "boa notícia". Contudo, pouquíssimos sabem que boa notícia é essa. Isso é como se eu recebesse uma carta de alguém importante e soubesse, de antemão, que a mesma contém uma notícia muito boa, mas nunca lesse essa carta por inteiro, ficando, assim, sem saber que notícia tão boa seria essa. É exatamente isso que acontece, pois as pessoas têm a carta nas mãos (a Bíblia), mas não a leem, preferindo, na maioria dos casos, acreditar na interpretação, muitas vezes equivocada, que líderes religiosos fazem dela.

Muitos pregadores que dizem anunciar o Evangelho, na verdade, falam pouco ou nada dele. Jesus é o Evangelho. Ele é a essência de toda a boa notícia de Deus para nós, contudo, muita gente fala de "Jesus", sem falar do Evangelho. Como isso é possível? Se não se pode separar Jesus do Evangelho, por Ele ser o Evangelho, fica evidente que quando isso ocorre, estão falando de um outro Jesus, diferente do que nos é revelado pelas Escrituras.

A única saída para quem vive a dualidade mentirosa que vimos neste livro é uma guinada total, na direção do caminho de uma vida cristã genuína. Só que ninguém pode chegar a essa vida, se não for pelo Evangelho. E não há como ter um encontro com o verdadeiro Jesus Cristo, que é o verdadeiro Evangelho, sem conhecer o que vou falar a seguir.

Tentarei ser o mais claro, sucinto e direto possível. Sem omitir, é claro, nada do que é essencial. Todavia, é óbvio que não espero esgotar tudo sobre o Evangelho na breve exposição que farei. Minha intenção é que ela seja apenas a mais adequada para a fluência do assunto sobre o qual estamos falando.

"Ninguém pode vir a mim, se o Pai, que me enviou, não o atrair; e eu o ressuscitarei no último dia." **(João 6:44)**
Antes de qualquer coisa, é necessário que Deus aja no

coração do pecador. Por mais que haja muitas discordâncias sobre o significado da predestinação, todos os teólogos sérios (calvinistas e arminianos) concordam com uma coisa. Ninguém pode voltar-se para Deus, se antes o Espírito Santo não trabalhar no coração. A maldade que carregamos em nós, sobre a qual vou falar mais a frente, nos impede de, por nós mesmos, nos voltarmos para Deus. Por isso, se a mensagem desse livro cria uma chama no coração de alguém, é certo que já é o próprio Deus fazendo sua obra no coração de quem assim estiver.

"pois todos pecaram e estão destituídos da glória de Deus" **(Romanos 3:23)**

Todo ser humano, devido a queda, relatada no livro de Gênesis, está afastado de Deus, por conta do pecado que carrega intrinsecamente em seus pensamentos, sentimentos e ações. A consciência disso, como no caso do filho pródigo, que teve consciência de como ofendeu o pai, a ponto de pensar em voltar e ser tratado apenas como um empregado, é absolutamente essencial para que se conheça o Evangelho.

Um dia, Deus julgará a todos com justiça, cada um conforme suas obras, derramando sua ira sobre todos os que pecaram, mesmo que uma única vez, pois o salário do pecado é a morte e as Escrituras afirmam que quem viola um só ponto da lei (que foi dada para que os homens tenham consciência do pecado e de sua incapacidade de agradar a Deus por si mesmos), torna-se réu de toda ela. Diante disso, o ser humano não tem a menor esperança, pois não há um justo, nenhum sequer, todos pecaram. Somos maus e não há outro caminho senão o da condenação ao fogo que não apaga e ao verme que não morre, conforme descrição de Jesus, quando falou do local de tormento para onde vão os que não são achados no livro da vida. Não há esperança e nada que alguém possa fazer para, por si mesmo, agradar a Deus e reverter isso.

Definitivamente, não há como conceber o verdadeiro arrependimento, segundo Deus, sem que se entenda a gravidade ligada ao fato de que nossos pecados ofendem a Deus, todos os dias, sem que possamos fazer nada para mudar isso e escapar da condenação.

"A tristeza segundo Deus produz um arrependimento que leva à salvação e não remorso, mas a tristeza segundo o mundo produz morte." **(2 Coríntios 7:9)**

Segundo as Escrituras, todo ser humano, por encontrar-se na situação desesperadora que acabamos de ver, constitui-se como inimigo de Deus. O que faz com que caminhe para ser atormentado por toda a eternidade, onde há choro e ranger de dentes, conforme descrição também dada pelo próprio Jesus. Ora, quem toma consciência de que está em uma situação angustiante como essa, só pode pensar em uma coisa: *"preciso de ajuda"*. E é aí que entra a necessidade inevitável que todos os homens e mulheres que já viveram, vivem e hão de viver na terra, desde Adão, têm de um salvador, de salvação.

Agora, já é possível começar a entender quais são as boas novas do Evangelho. Como já disse acima, Jesus é a Boa Notícia, Jesus é o Evangelho. O ser humano, inimigo de Deus, separado do Criador, condenado a passar a eternidade em um lugar de tormento, recebe, sem merecer, a ajuda da qual desesperadamente precisa. Deus envia um Salvador, providenciando a única saída que o ser humano tem para livrar-se de ser alvo da ira do Senhor, que é crer em seu Filho, confiando nEle para salvação. Lembra que eu disse que há saída para qualquer dos estágios citados nesse livro, até mesmo para o último, de indiferença profunda? Pois é, trata-se de uma saída única, chamada Jesus Cristo. Ele disse que jamais lançaria fora os que fossem a Ele. Logo, quem estiver dentro da igreja e longe de Deus, só precisa ir a Jesus, com coração sincero, e encontrará o caminho da vida e da transformação completa de uma vida de mentiras e falsidade, para uma vida de alguém que anda na Luz da verdade.

Deus enviou seu Filho, Jesus Cristo, que é o próprio Deus encarnado, para salvar os que nEle confiam desse horrível destino de morte para o qual caminhavam. Contudo, se Deus é justo, Ele não pode deixar de condenar quem é culpado, pois dessa forma deixaria de ser justo, concorda? É aí que entra a necessidade da obra da cruz, onde Cristo morreu para pagar pelos pecados de todos que Ele salvaria. Deus não deixa de executar a pena de morte para quem peca, portanto, não deixa de ser justo. Contudo, a condenação dos que creem no Evangelho e recebem a obra da Graça em suas vidas, foi colocada sobre Jesus, quando Ele se entregou para morrer na cruz, como um vil e maldito pecador, ainda que fosse o mais inocente e santo dos homens que pisou nessa terra, sem nunca ter cometido pecado algum. A mente humana simplesmente não pode alcançar as dimensões de tamanho amor, que nos constrange. O melhor que temos para defini-lo é a palavra "Graça", constantemente usada no Evangelho. O favor imerecido que revela a essência de Deus, o amor, pois Deus é amor.

"Quando vocês estavam mortos em pecados e na incircuncisão da sua carne, Deus os vivificou juntamente com Cristo. Ele nos perdoou todas as transgressões, e cancelou a escrita de dívida, que consistia em ordenanças,

e que nos era contrária. Ele a removeu, pregando-a na cruz" **(Cl 2:13-14)**

"Pois o amor de Cristo nos constrange, porque estamos convencidos de que um morreu por todos; logo, todos morreram." **(2 Coríntios 5:14)**

Mas Cristo não apenas morreu pelos seus pecados. A obra de salvação é completa e perfeita, como tudo que Deus faz, pois Cristo, depois de morrer e permanecer sepultado por dois dias, no terceiro dia, derrotou o maior inimigo do ser humano, que é a própria morte, ressuscitando dentre os mortos e abrindo caminho para que todos os que estão nEle também ressuscitem, quando o dia do seu retorno glorioso chegar.

"Mas de fato Cristo ressuscitou dentre os mortos, sendo as primícias dentre aqueles que dormiram. Visto que a morte veio por meio de um só homem, também a ressurreição dos mortos veio por meio de um só homem. Pois da mesma forma como em Adão todos morrem, em Cristo todos serão vivificados. Mas cada um por sua vez: Cristo, o primeiro; depois, quando ele vier, os que lhe pertencem." **(1Co 15:20-23)**

Diante disso, não importa o quão longe alguém tenha ido nas práticas citadas nesse livro ou em quaisquer outros casos. O pecador não deve achar que seu caso é perdido por ter ido longe demais, pois o amor de Deus e a suficiência da obra da Graça sempre terão ido mais longe que o pecado. Há saída. Enquanto há vida, há esperança.

Entretanto, é necessário que quem deseja receber tão grande salvação, tenha o mesmo que teve o filho pródigo, antes mesmo de voltar para casa do pai. Genuíno e verdadeiro arrependimento (não apenas remorso). Isso também não vem da nossa própria capacidade, pois é Deus que ilumina nosso entendimento, para que entendamos e creiamos no Evangelho. Também é Ele que nos dá a fé e é Ele que nos leva, pela mesma fé que nos deu, a confessar, arrependidos, nossos pecados a Deus, confiando na obra de Cristo e crendo nEle como nosso único e suficiente Salvador.

O caminho de uma verdadeira conversão precisa ser trilhado nesses passos. O poder de Deus faz com que o coração, que antes era seco, passe a jorrar águas-vivas, que brotam da própria fonte, que é Jesus. Só a partir daí é que se pode viver o verdadeiro caminho diário de santificação, que é bem diferente da falsidade religiosa de quem está dentro de igrejas e longe de Cristo. O resultado será que a árvore que antes era ruim, pois dava frutos ruins, passará a ser árvore boa, espalhando o que é bom e vem de Deus, a todos os que estiverem a sua volta e comendo dos seus frutos.

Basicamente, é só isso. O resto que possa vir, não passa de consequências na vida de quem verdadeiramente foi alcançado pela Graça de Jesus. Qualquer pessoa que estiver lendo esse livro, pode ir a Cristo agora e ser salva de seus pecados. Sem intermediários (ainda que Deus possa usar pessoas, como espero que Ele esteja me usando agora). Simples assim. Em Nome de Jesus Cristo.

Quem está dentro da igreja e longe de Deus e sentiu essa mensagem queimar no coração, deve ir a Cristo do jeito que está e há poder no Evangelho para lhe salvar. Mas isso deve ser feito hoje, agora. Mesmo que pareça muito clichê, não posso deixar de dizer que amanhã pode ser muito tarde.

Graça Absurda

Sou Analista de Sistemas e trabalhei por praticamente dez anos em um grande banco brasileiro. Dentre os muitos colegas de trabalho com os quais eu convivi e para os quais preguei o Evangelho, sempre que tive oportunidade, havia um, que chamarei ficticiamente de Hélio.

Hélio trabalhava no RH e estava se formando em Direito. Por um período, trabalhei na área de Informações Gerenciais e, por isso, precisava constantemente de informações sobre os funcionários da unidade, para projetar o desenvolvimento de sistemas que gerassem relatórios de pessoal. Isso me levou a ter bastante contato com Hélio.

Lembro-me muito bem de qual foi sua reação quando lhe falei sobre a obra da Graça. Quando lhe expliquei o que era, de verdade, o Evangelho, uma vez que ele fosse como a maioria esmagadora da população, que ouve muito falar de Jesus, sem que entenda o que é o Evangelho. Contei a ele, com apenas pequenas alterações, a mesma história que comecei a lhe contar no começo do livro. Lembra-se dela? Pedi para que você não a tirasse da mente. Pois bem, quando ele ouviu tudo, sua reação, como estudante do último período de Direito, foi dizer: *"Se isso for verdade, o que você está chamando de Graça é um absurdo".*

Depois que Hélio disse isso, me recordo que fiquei em silêncio por uns quinze segundos, olhando para ele e pensando, até que sorri e falei: *"Mas é exatamente isso. Humanamente falando, é um absurdo o que Deus fez para salvar os que creem no Evangelho!".*

Sei que você deve estar se perguntando o que motivou essa reação do Hélio. Para responder, deixe-me terminar de contar a história que ele ouviu.

Para fazer isso, finalizarei o livro voltando a cena em que paramos no capítulo 1 e fazendo algumas considerações finais extremamente importantes. Vamos lá?

Epílogo

Lembra que Você Estava...

Lembra que você estava sentado(a) em uma sala, aguardando para atuar como jurado no julgamento de um homem acusado de ser violentador e assassino de crianças? Creio que você se lembre bem da história, contudo, se for necessário, você pode voltar ao início do livro e reler o prólogo. De minha parte, para facilitar seu fluxo de leitura, vou reproduzir, abaixo, um trecho em que se conclui o que já foi contado, antes que continuemos a história na qual você está tendo uma participação especial.

Após passar pela seleção e ser escolhido, você está sentado, junto de algumas outras pessoas, em um tribunal. O ar-condicionado está bem frio. Há algumas pessoas sentadas no lugar reservado para o público e um bom número de jornalistas do lado de fora. Seu telefone celular não está com você, pois é estritamente proibida qualquer comunicação, com quem quer que seja, até que o julgamento termine. Quando quase todos, menos o juiz, estão presentes, a porta por onde o réu vai entrar é aberta e você sabe que em alguns segundos surgirá o homem que é acusado de estuprar (por diversos dias), torturar e, por fim, estrangular até a morte pelo menos sete crianças da sua cidade, todas com menos de dez anos de idade.

Assim que a maçaneta da porta, que fica bem a frente de onde você e seus colegas de júri estão sentados, se mexe, sua atenção, como a de todos na sala, é atraída de imediato para lá. Ela se abre e o homem entra, seguido por dois policiais. Apesar da foto dele já ser bem divulgada pela mídia, o que faz com que seu rosto não seja novidade para você, estar ali, frente a frente com aquele homem, é muito diferente do que ver qualquer foto ou reportagem.

Ele segue, quase descontraidamente, olhando para o ambiente que entrava, até o lugar que lhe é destinado, algemado e usando um uniforme de presídio, que consiste em calça jeans e camisa branca. Senta-se ao lado do advogado e por um breve momento olha na direção dos jurados, parando, por um ou dois segundos, para olhar em seus olhos. Os olhos dele são frios e cortantes, mas ao mesmo têm um toque muito incomodo de deboche. Um calafrio estranho percorre-lhe o corpo, fazendo com que você desvie o olhar imediatamente, em um misto de revolta e apreensão. Todos os seus colegas de júri fazem o mesmo.

As pessoas no pequeno auditório também se mostram muito incomodadas com a presença do acusado. Enquanto alguns demonstram que o matariam ali mesmo, com suas próprias mãos, se pudessem, outros aparentam grande incômodo apenas com sua presença. Esses sentimentos também fazem parte de você e dos seus colegas de júri, ainda que não possam expressar nada disso, como fazem as pessoas do auditório, por conta da imparcialidade que os jurados precisam ter e demonstrar.

Você olha alternadamente para diversas direções. Para a sua direita, onde encontra-se o lugar que será ocupado pelo juiz; para a sua esquerda, onde está o pequeno grupo de pessoas no auditório; e, de forma mais rara, para a sua frente, onde ficam o acusado, com seus advogados, e os promotores, numa mesa ao lado.
Após aproximados cinco minutos, que pareceram ser quase cinquenta, uma porta a sua direita se abre e um senhor, de mais ou menos cinquenta anos, com cabelos brancos e ralos, entra. Automaticamente, acompanhando o que a maioria das pessoas faz, você se levanta, em sinal respeito a presença do juiz que conduzirá o caso.

O julgamento é muito cansativo fisicamente. Entretanto, nada se compara a carga emocional que você e todos os outros jurados precisam suportar. Durante mais de trinta horas, com apenas pequenos intervalos para descansar um pouco e comer, detalhes dos crimes contra cada uma das crianças, incluindo fotos de seus corpos abusados e terrivelmente desfigurados, por terem sido mortas a marteladas, são apresentados pela promotoria e pouco contraditados pela defesa, visto que o acusado, em seu depoimento, já tivesse confessado, sem nenhum sinal de arrependimento, todos os crimes. Aliás, durante quase todo o tempo, ele até tentava, mas não conseguia disfarçar um leve e muito discreto sorriso sórdido no olhar e no canto da boca.

Ao fim das exposições de promotoria e defesa, fica claro, para você e para qualquer um que ali está presente, que o homem é um psicopata sem sentimentos, extremamente frio e cruel, que gostou de ter feito o que fez e que voltará a fazer a mesma coisa, se tiver oportunidades.

Como os trabalhos começaram às nove da manhã do dia anterior, por volta das três da tarde, quando toda a fase anterior a deliberação, proclamação e sentença, acabou, os jurados receberam quatro horas para descansar, antes de se reunirem para decidir, com base em argumentos da acusação e defesa, se o réu seria declarado culpado ou inocente. De modo que você e os outros jurados, às dezenove e trinta, teriam que sair das acomodações para reunirem-se e deliberam sobre o caso.

Ao deitar-se na pequena cama de solteiro, em um cômodo sem nenhum tipo de comunicação com o exterior, a última coisa que você consegue fazer é descansar. Pensamentos sobre tudo o que viu e ouviu não param, nem por um segundo, de desfilar por sua mente. A crueldade, a frieza, a falta de remorso, os detalhes dos crimes, o sofrimento das crianças e de seus pais, além de muitas outras coisas de embrulhar o estômago, dominam sua mente, até que, por conta do cansaço extremo, você cai no sono, em um pequeno cochilo, que só vai durar até que o despertador seja acionado e um funcionário entre no cômodo para lhe chamar, caso demore para sair.

Pouco mais de quarenta minutos depois, você desperta suando e com o coração acelerado. Sonhava que era uma criança sendo atacada pelo psicopata e acordou bem no momento em que ele ia começar a lhe dar marteladas na cabeça. Muito ofegante, tenta não pensar mais nisso e aguarda um pouco, para que o coração pare de quase sair pela boca, antes de dirigir-se para a reunião com os outros jurados.

A deliberação é extremamente rápida, pois todos concordam com a culpa do homem, como não poderia ser diferente, diante de tamanhas provas e da própria confissão do acusado.

Com todos de volta a sala do julgamento, por volta das vinte e uma horas, o juiz, depois de receber o veredicto dos jurados, declara o réu culpado por todas as acusações.

Logo depois disso, o momento é de um magnetismo quase palpável, formado pela apreensão de todos, visto que o magistrado está prestes a estabelecer a sentença a qual o acusado, que está de pé diante dele, terá de se submeter. E é importante acrescentar algo: peço que você imagine que, em nossa história, a lei brasileira preveja a pena de morte para crimes hediondos.

Arrancando um sentimento de alívio e justiça feita de quase todos na sala, além de um suspiro triste do réu, que imediatamente abaixou a cabeça, o juiz condena o homem a pena de morte.

Todavia, quando tudo parecia ter corrido muito bem e todos aparentavam satisfação com o resultado, o juiz faz algo inacreditável. Você presencia, estupefato(a) e revoltado(a), quando ele determina que o réu não precisa pagar a pena e que, portanto, deve ser libertado da prisão, já saindo livre do julgamento. Além disso, o pedófilo assassino é declarado totalmente inocente, como alguém que não deve absolutamente nada a sociedade.

Escândalo

Acredito que agora ficou bem claro o motivo da reação do Hélio, no momento em que lhe contei essa história, não é? E saiba que, obviamente, a versão que eu contei a ele foi bem mais resumida, visto que tive apenas alguns minutos para fazê-lo, o que é muito diferente de poder desenvolver detalhes, escrevendo, como acabei de fazer aqui.

Foi logo depois de lhe dizer que o juiz representava Deus e que sua atitude representava a Graça, que ele me disse que se isso fosse verdade, o que eu estava chamando de Graça era um absurdo. E é mesmo, é um absurdo, um escândalo, uma tremenda injustiça, visto que os culpados precisam ser condenados e pagar pelo que fizeram. Se nós, que somos humanos, temos esse sentimento de justiça, como Deus, o Criador de todas as coisas, pôde ser capaz de promover tamanho escândalo?

Esse tipo de reação, guardadas as devidas proporções entre os erros cometidos pelo filho pródigo e pelo assassino da nossa história, por acaso não nos parece ter a mesma essência da do filho mais velho, na parábola? Já falaremos mais sobre esse irmão mais velho, contudo, acredito que seja importante pontuar isso aqui, por tratarem-se de reações semelhantes (baseadas na sensação de injustiça), a do Hélio (que representa qualquer um que ouve uma história como essa) e a do irmão mais velho, que se indignou quando o pai recebeu o irmão mais novo com festa.

Mas voltando a nossa história, quando criei-a e contei-a ao Hélio, há mais de doze anos, deixei de colocar algo essencial, que depois expliquei a ele fora do contexto da história. Contudo, hoje, aqui, posso propor um pequeno e importantíssimo acréscimo.

Imagine que, diante dos protestos de todos pelo absurdo que o juiz estava fazendo, ele dissesse que entregaria seu único filho, de trinta e três anos, para ser executado no lugar do acusado, a fim de que o mesmo pudesse sair livre e ser declarado inocente. E quando alguém, inconformado, pergunta a razão para fazer isso, o magistrado diz: *"Porque eu amo esse homem e quero adotá-lo como meu filho"*.

Se o absurdo já era grande, com esse novo fato é que tomou proporções incomensuráveis, não é mesmo?
"Esse juiz não pode fazer isso, é um escândalo de proporções mundiais", é o pensamento que vêm a mente de qualquer um que tiver contato com essa história.

Na verdade, esse é um escândalo de proporções universais, pois, de modo geral, comparando com um parâmetro humano de justiça (como na história), para que compreendamos, foi isso que Deus fez para salvar todos os que creem no Evangelho. E antes que você argumente que o criminoso não se arrependeu, lembro-lhe que as Escrituras dizem que o Cordeiro de Deus foi morto antes da fundação do mundo, ou seja, Deus entregou seu filho para salvar pecadores muito antes que eles se arrependessem, coisa que só podem fazer, aliás, com a ajuda do próprio Deus, que lhes dá a fé para tal. Toda a obra é de Deus!

Também é comum que muita gente me diga, quando lhes conto essa história, que são boas pessoas, que não são assassinos, pedófilos ou coisas semelhantes. Entretanto, ao levarmos em consideração o fato de que Deus é Santo e de que o pecado fere diretamente a santidade dEle, proporcionalmente falando, nossos pecados são ofensas muito maiores a Deus do que qualquer crime que seres humanos podem cometer (por mais graves e revoltantes que sejam).

Por meus anos de experiência servindo como pastor, sei o quanto as pessoas podem ir longe, aparentando ser o que não são. Não consigo enumerar os casos em que presenciei e até ajudei membros de igrejas que passavam uma imagem de pessoas "santas" e "cristãos exemplares", enquanto praticavam os mais vergonhosos e inimagináveis pecados. No entanto, não importa o quanto alguém tenha ido longe na lama do pecado. Se houver operação do Senhor, por meio da fé e do verdadeiro arrependimento, há salvação e transformação, pois onde um dia abundou o pecado, superabunda a Graça de Deus.

O poder de Deus não conhece limites. Portanto, não importa a situação e nem o quão graves foram os pecados, as mentiras e as dissimulações, pois há poder no Evangelho para salvar todos os que vierem a Ele, hoje, agora, em Nome de Jesus Cristo.

Lágrimas e Gratidão

Diante de tamanho amor, só nos resta prostrarmo-nos diante de Deus, com lágrimas nos olhos, todos os dias, em profunda gratidão pelo que Ele fez por nós. Ele anulou nossa sentença de morte, mesmo que fôssemos culpados, e fez com que seu Filho, Jesus Cristo, que nunca cometeu pecado, fosse morto em nosso lugar, para que nós hoje pudéssemos ser chamados filhos de Deus e declarados inocentes.

Contudo, a situação de quem conhece as Escrituras, por estar dentro de uma igreja, e mesmo assim vive da forma descrita nesse livro, é bem delicada. Tal pessoa, ignorando o que Deus fez por ela, demonstra que não se importa com o sacrifício de Jesus, ao preferir viver satisfazendo suas próprias vontades. É como olhar para a cruz e virar as costas para o preço pago por Jesus. Percebe como isso é sério? Por isso oro para que esse livro seja instrumento nas mãos do Senhor, para ajudar o máximo de pessoas que estejam nessa situação.

Irmãos Mais Velhos

Lembra-se que eu disse que falaríamos mais sobre o irmãos mais velho da parábola sobre a qual falamos no capítulo 10? Vamos fazer isso agora.

Os irmãos mais velhos são os próprios membros de igrejas, que, como eu já disse anteriormente, se alegram quando alguém de fora se converte, mas tendem a reagir mal, julgando e até segregando pessoas que se encontravam nas situações descritas neste livro e tiveram um encontro verdadeiro com o Senhor. Inclusive, é fato que boa parte desses irmãos mais velhos também estão dentro da igreja e longe de Deus, sem que ninguém saiba.

Portanto, se você é cristão e está lendo esse livro para ajudar outros ou para adquirir conhecimento, cuidado para nunca se esquecer que um dia você foi como o pródigo, tendo sido aceito pelo pai com alegria e festa. Antes de tomar atitudes como a do irmão mais velho, julgando e não se alegrando com o perdão de Deus para os que eram membros da igreja e foram "desmascarados" por atitude própria ou por seus pecados terem vindo a tona, pense que um dia você recebeu o mesmo amor perdoador do pai. Então, se alguém se arrepender e se voltar ao Senhor, não importa o quão falsa a pessoa tenha sido na igreja ou mesmo fora dela. Ajude, não julgue. Ore, não aponte. Acolha, não segregue. Faça parte da festa de retorno que o pai dá para cada pródigo que retorna.

Se você está em alguma situação descrita nessa obra, oro para que você venha a Cristo para ser transformado, confiando nEle para salvação. E espero que você faça isso durante ou logo após o final dessa leitura.

Mas preciso lhe dar o mesmo alerta. Quando você tornar-se cristão verdadeiro, andando em santidade, cuidado para que o tempo e a rotina não lhe deixem esquecer de quem você foi. Não deixe nunca de ser um pródigo agradecido, para se tornar um irmão mais velho aborrecido com a chance que o Pai dá aos outros.

Alerta Final

Qualquer um pode passar ou voltar a estar na igreja e longe de Deus!

Se você, quando começou a ler, estava dentro da igreja e longe de Deus, e agora foi alcançado pelo Evangelho, passando a ser Igreja, nunca deixe de vigiar e de procurar andar com o Senhor, mediante as orientações das Escrituras e do Espírito Santo, pois quem está de pé precisa ter cuidado para não cair. Cuidado para não voltar a situação terrível em que estava.

Se você hoje anda com o Senhor, mas um dia esteve em uma congregação e longe de Jesus, cuidado, pois pode voltar a estar, pelos mesmos motivos de antes, ou por outros diferentes. Não olhe para trás. Dê valor ao sacrifício que Jesus fez por você e não volte a desprezar a cruz, como fez antes.

E se você nunca esteve nessa situação, tendo sido Igreja, andando com Cristo, desde o dia em que se converteu, glorifique a Deus, pois você faz parte do remanescente fiel do Senhor. No entanto, tome cuidado para não passar a apresentar esse quadro, permanecendo em uma igreja, mas distanciando-se de Deus. Seja perseverante na meditação nas Escrituras e na oração constante.

E que nunca nos esqueçamos de que, por mais que eu tenha escrito e você compreendido, ambos precisamos da operação daquele que opera tudo em todos, Jesus de Nazaré, o Cristo de Deus. O querer e o realizar são dEle. E é nEle que me despeço, desejando que sua Graça seja com você, todos os dias, até que nos encontremos na Jerusalém celestial.

Com amor, Raphael Melo.

FIM

ESSE LIVRO ABENÇOOU VOCÊ?

Se sua resposta for sim, por favor, leia esse texto com muito carinho e atenção.

Somos um ministério cristão, que busca voltar ao simples e verdadeiro Evangelho das Escrituras. Temos alcançado milhões de pessoas por mês, no Brasil e no mundo, por meio de nossas redes sociais, site, e livros como este, que está em suas mãos.

Por não nos dobrarmos ao mercado gospel e seus esquemas, nem a modismos e ao comércio da fé, temos muita dificuldade de continuar esse trabalho. Não prometemos bênçãos para quem oferta, pois acreditamos que toda contribuição deve ser por amor e sem barganha alguma. Contudo, infelizmente, muitos se acostumaram a dar, esperando receber de Deus algo em troca. Por isso, angariamos muito pouco, diante do custo mensal que o ministério tem.

Temos continuado graças ao cuidado de Deus, por meio de algumas ofertas e do trabalho incansável dos irmãos que divulgam, vendem e distribuem os livros do Pr. Raphael, que tem nos doado 100% dos seus direitos autorais.

Você deseja que o Ministério Muros do Evangelho continue alcançando e ajudando milhões de vidas por mês, como tem feito até hoje?

Então, você pode ajudar das seguintes formas:

1. Envie-nos um testemunho em vídeo (do seu celular), dizendo o que achou do livro e como ele lhe ajudou.

2. Ajude-nos a doar livros em hospitais, projetos de apoio a depressivos e a pessoas carentes, que têm problemas sérios, mas não podem adquirir um exemplar. Em uma publicação nas nossas redes sociais, você saberá quem recebeu o(s) livro(s) que você deu.

3. Mande-nos uma oferta mensal de amor, sem qualquer tipo de barganha; ou alguma oferta avulsa, se Deus assim lhe inclinar a fazer.

4. Acompanhe-nos em todas as nossas redes sociais, compartilhando os conteúdos e interagindo com as publicações.

5. Adquira nossos outros livros, com frete grátis para todo Brasil. Saiba como nas próximas páginas.

Muito obrigado por sua disposição em ajudar. Para fazê-lo, em qualquer das opções acima, basta chamar-nos no WhatsApp **21 990077986** ou entrar em contato por qualquer uma de nossas redes sociais, que estarão na última página. Que Deus seja sempre glorificado e lhe abençoe muitíssimo, em Nome de Jesus Cristo, nosso Senhor.

Com amor, ***Equipe Muros do Evangelho.***

ARRASANDO O INFERNO

Se você se deparar com um anjo caído hoje, quem dará o primeiro passo para trás?

As forças do império das trevas estão posicionadas e avançando. Mas, infelizmente, a maioria dos que estão em igrejas cristãs no Brasil tem sido um alvo fácil para satanás e seus espíritos malignos. Tanto se fala em batalha espiritual, contudo, na prática, o que se vê é um triunfo do mal sobre muitos que dizem servir a Cristo.

Este livro vai ajudar a todos os cristãos, sendo eles novos convertidos ou dos que têm anos de caminhada na fé. Ele foi escrito, por conta da urgente necessidade que a Igreja de Cristo tem de entender o que é a verdadeira guerra espiritual em que está, e como se pode vencê-la.

Nestas páginas, você vai saber o que as Escrituras têm a dizer sobre como a genuína Igreja de Jesus prevalece contra as portas do inferno. Prepare-se para se deparar com verdades espirituais que pouquíssimos conhecem, mesmo que participem fielmente de alguma igreja.

A guerra está ao seu redor. O tempo todo. Os exércitos do diabo não descansam nem um segundo. E a frieza religiosa morta não pode nada contra eles. Ao terminar a leitura, se você seguir os ensinamentos bíblicos apresentados, não há demônio que poderá lhe enfrentar. Mesmo os maiores principados das trevas ou o próprio satanás terão que dar um passo para atrás, ao lhe encontrarem.

Arrasar o inferno é vocação de cada um que se chama pelo Nome do Senhor. Você nasceu de novo? Então, é um dos que são capazes de assolar o exército do inimigo, não pelo que possa fazer por si mesmo, mas por Aquele que já venceu e está com você, Jesus Cristo.

Para adquirir, com frete grátis para todo Brasil, acesse o site ou capture o QRCODE no seu celular:

rmevangelho.com.br/todos-os-livros-publicados/

ANIQUILAÇÃO
A ÚLTIMA HORA

Após uma forte tempestade, a pequena cidade de São Thomé dos Rios fica isolada. Estrada bloqueada. Energia elétrica, telefone e internet não funcionam. Mas o maior problema dos moradores é uma fatal e misteriosa doença, que se espalha rápido, instalando um verdadeiro caos.

O que surge nessa pequena cidade serrana do Rio de Janeiro é um lugar perigoso, ocupado pelo exército e monitorado, à distância, por pessoas que parecem saber o que realmente está acontecendo, enquanto forças obscuras espreitam as ruas desertas e semidestruídas.

Depois de passar por estas páginas, você nunca mais verá o mundo da mesma forma.

Para adquirir, com frete grátis para todo Brasil, acesse o site ou capture o QRCODE no seu celular:

rmevangelho.com.br/todos-os-livros-publicados/

QUANDO SÓ
QUERO DESISTIR

Quem, em algum momento, não passa por situações difíceis?

Não! Ninguém, nesta vida, está livre de dores e aflições. Mas como fazer para não parar? Como não desanimar, quando as lágrimas descem molhando o rosto, e afiadas, cortando o coração? Será que não há nada que possamos fazer, a não ser esperar chegar ao Céu, quando não haverá mais dor?

Esta obra vai ajudar quem passa por qualquer tipo de sofrimento a vencer o desânimo. Prepare-se para uma leitura surpreendente. Ao contrário do que possa parecer, você não está diante de um livro triste, depressivo e conformista. Pelo contrário. Em cada página, revelações estonteantes e reluzentes da glória do Senhor, vindas das Escrituras, estarão diante de você.

Quando só quero desistir, Deus me põe num caminho de vitória, não de derrota. O mar que Ele coloca diante de mim é de glória, não de trevas. O Criador é o protagonista e eu parte de um plano de amor e redenção, não de sadismo e perdição.

A mensagem é de expectativa e esperança. Não exaltação de circunstâncias contrárias, mas certeza de que, em Cristo, você deve perseverar e continuar, jamais desanimar e parar. Afinal, há um lugar junto a Deus para você, onde angústias não podem ferir seu coração. Quer ir até lá? Então, vem e vê. Vem e lê!

Para adquirir, com frete grátis para todo Brasil, acesse o site ou capture o QRCODE no seu celular:

rmevangelho.com.br/todos-os-livros-publicados/

#Muros do Evangelho na Internet

Curta nossas Páginas no Facebook
fb.com/MurosDoEvangelho
fb.com/prraphaelmelo
fb.com/pastorlucianothome

Inscreva-se no Canal do YouTube
/C/MurosDoEvangelho

Siga-nos no Instagram
@murosdoevangelho
@prraphaelmelo
@prlucianothome

Siga no Twitter
@prraphaelmelo

Whatsapp
(21) 99007-7986

E-mail:
contato@rmevangelho.com.br

Muros do Evangelho

Acesse nosso Site

www.rmevangelho.com.br